Si duele, no es amor

Autoayuda

Biografía

Silvia Congost es psicóloga experta en autoestima, dependencia emocional y relaciones de pareja. Tras haber sufrido en primera persona dependencia emocional, su pasión es ayudar a los demás a fortalecer la autoestima, liberarse de vínculos tóxicos y construir relaciones de pareja sanas.
Reconocida conferencista, nunca deja indiferente con su discurso que invita a la reflexión y al autoconocimiento.

En la actualidad, ayuda a miles de personas, junto a su extenso equipo, con sesiones presenciales en sus centros de Madrid, Barcelona y Gerona, y con sesiones *online* y grupos de autoestima. Tiene cientos de miles de seguidores en las redes sociales y participa habitualmente en varios medios de comunicación.

Es autora de *Autoestima automática*, *Si duele, no es amor*, *A solas*, *La voz de mis alas*, *Personas tóxicas* y *¿Amor o adicción?*, edición ampliada y actualizada del libro *Cuando amar demasiado es depender*, todos publicados en Zenith.

Silvia Congost

Si duele, no es amor

Aprende a identificar y a liberarte de los amores tóxicos

zenith

Obra editada en colaboración con Editorial Planeta – España

Bajo el sello editorial BOOKET M.R.
Avenida Presidente Masarik núm. 111,
Piso 2, Polanco V Sección, Miguel Hidalgo
C.P. 11560, Ciudad de México
www.planetadelibros.com.mx

Primera edición impresa en España en esta presentación: junio de 2025
ISBN: 978-84-08-30480-7

Primera edición impresa en México en Booket: noviembre de 2025
ISBN: 978-607-39-3682-8

Los nombres y los rasgos característicos de las personas que aparecen en este libro se han modificado para proteger su privacidad.

Impreso en los talleres de Impresora Tauro, S.A. de C.V.
Av. Año de Juárez 343, Col. Granjas San Antonio,
Iztapalapa, C.P. 09070, Ciudad de México
Impreso en México - *Printed in Mexico*

A ti, querido lector, que buscas respuestas, claridad y herramientas mientras transitas los complejos caminos del desamor.

Mi máximo deseo es que lo que aquí te comparto te aporte todo lo que necesites para entender mejor el amor, para que sepas identificar cuándo debes dejar de forzar, cuándo se puede arreglar y cuándo hay que soltar.

No has venido a este mundo a sufrir. No normalices las punzadas de dolor emocional que nacen de tus entrañas. Enfréntate a ello aprendiendo una nueva forma de mirar las relaciones. Teniendo claro que el amor jamás duele.

Y que si duele, no es amor.

SUMARIO

PRÓLOGO A LA NUEVA EDICIÓN

Si duele, no es amor

Unos cuantos años antes de publicar mi primer libro, escribí un manual que titulé *Quien te quiere NO te hará llorar* y que colgué en mi página web para que todo aquel que lo necesitara se lo pudiera descargar de forma gratuita (de hecho, sigue estando ahí y puedes hacerte con él si entras y pinchas en la pestaña «Libros»). En él, explico cuatro casos de pacientes a las que tuve el privilegio de ayudar (por supuesto, cambiando algunos datos de sus historias). Sus vivencias reflejan lo que viven millones de personas en sus relaciones, situaciones extremadamente frecuentes para las que, sin embargo, pocas veces tenemos las herramientas que necesitamos para afrontarlas y resolverlas de forma correcta.

Este manual ha tenido cientos de miles de descargas y sigue ayudando hoy en día a despertar a muchísimas personas. Esto pone algo de manifiesto: que las cuestiones relacionadas con el amor y más concretamente, con el desamor siguen estando de rigurosa actualidad. O mejor dicho, que la información y la educación sobre estos temas sigue siendo primordial y de máxima necesidad.

No hay duda de que aprender a elegir correctamente a las personas de las que nos rodeamos y con quienes compartimos nuestra vida, aprender a identificar aquello que ocurre en nuestros vínculos y nos daña de forma terrible, aprender a hacer frente a las decepciones y los golpes emocionales, saber cuándo y cómo hacerlo para reconstruirnos y volver a sentirnos bien, es imprescindible y muy necesario. Pero a pesar de ser algo tan, tan importante, seguimos sin tener las herramientas y la información básica para gestionar mejor aquello que nos ocurre.

¿Preferimos realmente lo malo conocido a lo bueno por conocer? ¿Por qué? ¿Es porque lo hacemos sin ser conscientes de ello? ¿Es por miedo? ¿Es masoquismo? ¿Qué nos ocurre en realidad?

Después de más de dos décadas trabajando con pacientes que atraviesan situaciones parecidas vinculadas con el amor y el desamor, estoy bastante convencida de que la respuesta es «sí». Preferimos quedarnos con lo malo conocido y eso es por un claro motivo: porque no tenemos herramientas para hacer frente a lo nuevo, a lo que desconocemos, a aquello que nos atrae y nos da miedo a partes iguales. Eso es lo que hace que decidamos quedarnos donde estamos porque, aunque sea malo, ya sabemos lo que hay, sabemos a qué atenernos. Y decidimos quedarnos ahí, hasta que ya no podemos más. Entonces es cuando por fin nos lanzamos al vacío de la novedad.

Y esto suele ser así, es decir, nos quedamos con lo malo conocido, porque es lo que hemos aprendido, es lo que nos han enseñado (generalmente sin querer). Se trata de unas lecciones recibidas que no siempre son buenas ni funcionales, por lo que deberemos aprender por nuestra cuenta cuando tomemos conciencia de ello, sobre la marcha y con la experiencia.

Por supuesto, para que una relación perdure y se mantenga en el tiempo, hay que esforzarse. Por supuesto, se requiere de voluntad en muchas ocasiones, y también de paciencia y de comprensión y flexibilidad y apertura mental y compasión, pero... ¿dónde está el límite? ¿Cómo saber si hay que seguir siendo flexible, comprensivo y paciente o si ya ha llegado la hora de irse? ¿Cómo saber si lo que nos está tratando de decir la vida es que ahí no es y tal vez que nunca lo será?

Y es que, aunque trato de divulgar mucho sobre la dependencia emocional en las relaciones, hay otras muchas realidades que se viven en nuestros vínculos en las que tal vez no sufrimos este tipo de enganche obsesivo pero que igualmente nos destruyen poco a poco. Y también hay que saber identificarlas. Tal vez no hay un miedo a perder al otro que nos paralice pero, sin embargo, nos damos cuenta de que no estamos bien, de que hemos permitido cosas que no deberían estar pasando, que no nos gusta realmente lo que vemos en nuestra pareja, de que tal vez ya no sentimos auténtico amor por su parte, tal vez no queremos resignarnos a una relación sin cariño, sin afecto, sin una comunicación que sane y acerque, tal vez nos hemos alejado debido a alguna decepción que nos parece terrible, tal vez quien tenemos al lado nos demuestra a gritos que ya no nos ama o que tal vez jamás nos amó, o quizá sí pero somos nosotros quienes ya no sentimos admiración, ni atracción ni ganas de seguir a su lado...

Debemos ser capaces de identificar estas situaciones porque está claro, que las relaciones pasarán por muchas fases, sufrirán cambios, giros inesperados, golpes ocultos y, aunque a veces cueste enormemente hacerles frente, cuanto más sepamos identificar lo que está sucediendo y contrastarlo con aquello que realmente queremos, con nuestros valores y con el daño que determinadas situaciones pueden causar en nuestra dignidad, más aferrados permaneceremos a nuestro poder, ese que jamás deberíamos perder.

La educación y la información nos empoderan. Nos permiten ver las cosas que ocurren, entenderlas, definirlas y decidir así cómo las queremos transitar. Espero que este libro siga realizando esta función, que siga ayudando a ver, que siga ayudando a entender y, lo más importante, que siga acercando herramientas a todas aquellas personas que las necesiten. Que cada vez seamos más los que tengamos claro que el amor no duele y que, si duele, no es amor. Este es mi deseo.

Con todo mi cariño,

SILVIA

PRÓLOGO

El 5 de septiembre de 1977, tres días después de mi nacimiento, despegó de Cabo Cañaveral (Florida) la *Voyager 1*, una sonda espacial que, al igual que su gemela, la *Voyager 2*, que había despegado un mes antes, tenía como objetivo realizar un estudio intensivo de Júpiter y Saturno. Fue un auténtico éxito, ya que aportaron datos que revolucionaron el conocimiento del sistema solar. Por ello, la NASA decidió invertir más dinero para continuar la misión hasta Urano y Neptuno.

En la actualidad, treinta y nueve años después, ambas sondas continúan buscando la heliopausa, es decir, la zona límite entre el área de influencia del Sol y el espacio exterior. Una vez sobrepasada la frontera, no sabemos lo que vamos a encontrar, pero pueden revelarse nuevos descubrimientos sobre ese espacio que nos envuelve.

Aunque ya haya recorrido más distancia que cualquier otra nave construida por el hombre, y aunque haya logrado algo histórico, la *Voyager 1* apenas se ha alejado de la Tierra, a pesar de llevar casi cuarenta años desplazándose a diecisiete kilómetros por segundo y haber recorrido dieciocho mil millones de kilómetros.

Hoy sabemos que en nuestra galaxia, la Vía Láctea, hay entre cien y trescientos mil millones de estrellas. Si tenemos en cuenta que la estrella más cercana al Sol, Centauro, se encuentra a cuatro años luz de distancia (un año luz equivale a 9,5 billones de kilómetros), que el centro de nuestra galaxia (nuestro hogar en el espacio) está a dos millones de años luz de la galaxia más próxima y que los astrónomos creen que hay cientos de miles de millones de galaxias en el Universo, los dieciocho mil millones de kilómetros de distancia que ha recorrido la *1* no son prácticamente nada.

Desperté un 15 de enero. Digo que «desperté» porque fue cuando tomé conciencia de lo que me estaba explicando mi pareja. Muchas veces antes me había hablado de planetas, de atracciones gravitatorias y de estrellas perdidas en el espacio, pero ese día me di cuenta de que en realidad nunca antes le había escuchado... o entendido.

A medida que iba asimilando las cifras y los datos que él compartía conmigo (si es que eso puede llegar a asimilarse de alguna manera), me sentía cada vez más perdida, diminuta, ridícula.

¿Dónde estamos? Vivimos en un precioso pero minúsculo planeta en medio de la nada, en un universo cuyas dimensiones son tan enormes que pensarlo es desgarrador. Gracias a la gravedad (que aún no sabemos por qué existe) nos mantenemos pegados a la Tierra y no salimos volando hacia la nada... En fin, que mi asombro fue absoluto el día en que tomé conciencia y mi cerebro «digirió» realmente esa información.

No somos nada y lo somos todo. Nacemos, vivimos unos años y morimos. Todo empieza y todo acaba en lo mismo, sin excepción. Podemos haber tenido más éxito, más dinero o más oportunidades, pero acabamos exactamente igual. Se para el corazón y llega el fin de la historia de cada uno. Y así una y otra vez.

Luego, cuando uno se da cuenta de esto, de qué somos y de dónde estamos, se pregunta: ¿Para qué elegir el sufrimiento pudiendo evitarlo? ¿Por qué y para qué?

En muy pocos años, en nuestro planeta hemos realizado una gran cantidad de avances a todos los niveles. Sin embargo, a pesar de eso, seguimos empeñados en sentirnos víctimas de las circunstancias, en no querer asumir nuestra responsabilidad con respecto a aquello que creamos a nuestro alrededor y en pensar que las cosas «pasan» y no podemos hacer nada para cambiarlas.

Creo que a todos nos vendría bien reflexionar sobre qué sentido tienen todos y cada uno de nuestros actos y de nuestras decisiones. Si nos observáramos desde una distancia razonable, con mayor perspectiva (por ejemplo, desde el espacio), seguramente no daríamos crédito ni entenderíamos cómo hemos llegado hasta aquí.

Tampoco entenderíamos, teniendo en cuenta lo importante y necesario que es para nosotros el amor, por qué nos empeñamos en estar al lado de alguien con quien no somos felices, con quien no podemos ser nosotros mismos, con quien nos resignamos a vivir una vida que está desmesuradamente lejos de nuestras expectativas, de nuestros sueños, de nuestros deseos. Alguien que no nos entiende, que no nos cuida o que incluso nos hace daño, alguien con quien no podemos hablar, ni compartir, ni construir. Alguien opuesto, diferente en lo esencial, alguien que, por mucho que se esfuerce, no podrá hacer que nos sintamos felices a su lado.

Y es que, al final, uno se da cuenta de que el amor es eso, sentirnos a gusto y felices al lado de alguien la mayor parte del tiempo, aun sabiendo que a veces las cosas no irán tan bien y que tendremos días peores. Se trata de sentir que en el fondo estamos bien con la persona que tenemos al lado, que nos sigue compensando estar ahí, que aunque atravesemos épocas difíciles, nos seguimos eligiendo porque seguimos sintiendo de forma clara y evidente, que el amor se palpa, se respira y nos sigue manteniendo unidos.

INTRODUCCIÓN

Hasta ahora has amado a alguien sin conocerle. Sería bueno que a partir de ahora le conocieras antes de amarle.

«Ser un buen terapeuta es un trabajo muy difícil. Un buen terapeuta tiene que ser inmensamente compasivo, porque no son sus técnicas de terapia lo que ayuda a la gente, es su amor. No hay nada comparado con el amor cuando se trata de curar las heridas del ser humano. Las técnicas pueden ser útiles cuando son usadas como apoyo, pero lo básico no es la técnica, sino un corazón amoroso».

La primera vez que leí este texto de Osho sentí algo muy especial en mi interior. Por fin alguien expresaba con palabras lo que yo siempre había sentido. Y es que el amor es siempre, sin excepción, lo que ayuda, lo que transforma, lo que cura. Su presencia o ausencia durante la primera etapa de nuestra vida implica que el argumento con el que construiremos y recorreremos nuestra historia será completamente diferente para cada uno de nosotros.

Son ya muchas las personas que han confiado en mí y en los profesionales de mi equipo y han compartido, a lo largo de las sesiones, auténticas historias de terror. Malos tratos, abusos, agresiones...

Algunas personas llevan en la piel las huellas de un sufrimiento digno del mismo infierno, pero aun así ahí están, levantando como pueden sus vidas, mientras siguen tapando las grietas de su dañado corazón.

Otras personas aseguran no recordar nada de su infancia. Se enfrentan a su presente, cargando los pedazos de un pasado que está ahí aunque no puedan verlo. No lo recuerdan, pero si se acercan a él y lo rozan suavemente con las yemas de los dedos, en seguida conectan con ese profundo dolor.

Otras, en cambio, han vivido historias llenas de afecto, protección y cariño, y lo recuerdan con nostalgia mientras se alejan cada vez más de aquello que fue y ya nunca volverá.

Sin embargo, sea cual sea nuestro bagaje, sean cuales sean nuestras vivencias en la primera etapa de la vida, al final lo que importa realmente es siempre lo mismo, lo que hayamos aprendido o lo que nos hayan enseñado del amor.

Cualquier herida, dificultad o problema con que nos encontremos podrá sanarse, minimizarse o destruirse gracias al amor. El amor es casi siempre la clave, el bálsamo, la fuerza, la ilusión, la paz, la alegría, la calma. El amor puro, real y sincero de un padre, de una madre, de un hijo, de un amigo, de un compañero o de nuestra pareja. El amor puede curarlo todo, o al menos, si hay amor, el cambio y la mejora serán mucho más rápidos y evidentes que si no estuviera presente.

Por otro lado, es curioso y no deja de sorprenderme que sean tantas las personas que piensen en el amor como una de las principales causas de sufrimiento de los seres humanos. A ello se refieren cuando hablan de «sufrir por amor». Y es que si lo pensamos, si el concepto de amor que hemos aprendido o que nos han enseñado es erróneo, eso puede ser devastador. Con la misma fuerza que nos empuja y nos hace crecer, nos puede partir en dos y dejar en coma profundo. Pero en ese caso ya no estaríamos hablando de amor.

Es precisamente ese concepto, el de «sufrir por amor», el que me impulsó a escribir este libro. Después de analizarlo mucho, leer al respecto y contrastar opiniones, puntos de vista y experiencias, después de miles de horas de sesiones, puedo decir que lo tengo bastante claro: no se «sufre por amor». Lo expresamos así y atribuimos el sufrimiento al amor, pero en muy pocas ocasiones es el verdadero causante de nuestro malestar.

Es cierto que al hablar de relaciones de pareja, el área en la que yo trabajo, parece que todos tenemos claro que en cualquier relación siempre está implícito el amor; no obstante, la experiencia nos demuestra claramente que en muchos casos no es así. Una relación de pareja no tiene por qué ir de la mano del amor. Debería ir de la mano, está claro, y en muchos casos así es, pero no siempre. Y es justo cuando no hay amor en una relación cuando aparece el sufrimiento; dicho de otro modo, cuando hay sufrimiento, no hay amor. Sé que esta idea puede generar emociones contradictorias en algunas personas, pero a lo largo del libro seguro que todos lo veremos mucho más claro.

Y es que prácticamente todos estamos expuestos a «sufrir en una relación», aunque, en mi opinión, no tendría por qué ser así. ¿Qué ocurre? ¿Qué es lo que hacemos mal? ¿Qué está fallando? Si somos tantísimas las personas que en un momento u otro acabamos sufriendo por un amor mal entendido, ¿no puede hacerse nada al respecto? ¿No podemos hacer nada para cambiar esta situación? La auténtica realidad es que sí, sí que podemos. No se está haciendo demasiado, pero sin duda hay mucho por hacer.

Esa es justamente la intención de este libro, cambiar el concepto y las creencias que se han asentado en nuestra mente sobre todo aquello que entendemos por «amor» y por «sufrir por amor». En realidad, en general, no entendemos bien ni un concepto ni el otro. A diario veo como llamamos «amor» a infinidad de situaciones que no tienen absoluta mente nada que ver con él, y la verdad es que esto me parece alarmante.

En repetidas ocasiones, al acabar alguna de mis conferencias sobre dependencia emocional y relaciones tóxicas, hay alguien que pide el micrófono y me pregunta: «Dices que debemos hacer un cambio respecto al tema del amor, pero ¿cómo hacerlo? ¿Qué falla realmente?». Yo lo tengo muy claro: lo que falla es la educación, tanto en el ámbito escolar como en el familiar y el social. Todos los mensajes, las imágenes y los *inputs* que recibimos respecto al amor están teñidos o influenciados por ese alud de ideas erróneas, creencias caducas y modelos de lo más tóxicos, en los que nos basaremos para construir nuestra propia relación.

Si nos enseñan que el sufrimiento forma parte y está implícito en el amor, si además nos lo dicen y lo verbalizan en numerosas ocasiones, y si encima quien nos lo transmite son personas que nos sirven de referentes, a las que admiramos y de las que aprendemos, ya no hay nada que hacer. Llegaremos a unas claras conclusiones que quedarán registradas en nuestro cerebro para siempre y serán las que nos guiarán en el futuro en cada una de nuestras experiencias amorosas.

Si, por un lado, asociamos determinadas conductas, tratos o experiencias al amor y, por otro lado, sabemos que el amor es algo bueno, llegaremos a la conclusión de que aquellas conductas, tratos o experiencias también son buenos y aceptables. Pero ¿qué pasa si resulta que esta asociación es errónea? ¿Qué pasa si por hacer esto acabamos sufriendo, cuando en realidad no tendríamos por qué?

En mi primer libro, *Cuando amar demasiado es depender* (reeditado en 2023 con el título *¿Amor o adicción?*, que es el que utilizaré a partir de ahora), explico en profundidad qué es la dependencia emocional y cómo salir de ella. La dependencia emocional es uno de los principales motivos por los que acabamos sufriendo en las relaciones de pareja, y lo pasamos tan mal que empezamos a padecer síntomas físicos e incluso tenemos que acabar medicándonos. Tengo muy claro que cuando existe dependencia, no hay amor. Nos quedamos en esa relación en nombre del gran amor que sentimos por la otra persona, pero no es así, ya que el amor jamás destruye, intoxica o debilita.

¿Amor o adicción? es un libro que nos ayuda a comprender la situación en la que cada día más parejas se dan cuenta de que están atrapadas, así como a tomar conciencia de que esto es algo rever-

sible, de que por difícil que parezca, todos podemos salir de allí y reencontrarnos con nosotros mismos. Se trata de un libro que ha tenido mucho éxito y al que yo tengo un cariño muy especial porque aparte de lo necesario que es hablar de este tema, surge de una historia real que viví en primera persona, una historia que me hizo sufrir muchísimo, pero que me enseñó aún más y a la que estoy profundamente agradecida.

Sin embargo, en los últimos meses sentía la necesidad de ir más allá, de ahondar más, de bucear en las entrañas del mundo del amor y el desamor, de comprender y ayudar a entender las diferencias y las consecuencias reales de uno y otro. En ocasiones hay amor y este perdura, otras veces hay amor, pero poco a poco se va extinguiendo hasta desaparecer, y otras veces nunca lo ha habido (aunque no nos guste aceptarlo). Y todo ello tiene graves consecuencias en nuestra vida y en nuestra salud. Por este motivo tenía muchas ganas de empezar este nuevo proyecto, un libro que vaya más allá del sufrimiento causado por la dependencia emocional, que nos enfrente a nuestros propios miedos, a nuestras propias excusas, autoengaños y rabietas. Un libro que de manera clara y directa nos revele situaciones reales que muchas veces intentamos enmascarar.

Este nuevo libro es una invitación a lo que yo llamo «repensar el amor». Ayuda a pensar en el amor de una nueva manera, más sana, racional, coherente y correcta, para que podamos disfrutar de él en todos los aspectos y para que podamos también renunciar a él si percibimos que no se trata de amor del bueno, sino de un vínculo completamente tóxico.

Invita a despertar de la realidad en la que a menudo deambulamos medio dormidos y en la que nos dejamos llevar por la resignación y el desamparo, o en la que simplemente vamos copiando patrones sin planteárnoslos siquiera, fruto de las experiencias vividas en nuestra niñez.

Nos anima a realizar un viaje interior hacia nuestras propias raíces para que arrojemos luz y, al iluminarlo todo, podamos comprender. Creo que solamente la conciencia nos puede ayudar a crecer como seres humanos. El hecho de ver algo, de tener la capacidad de analizarnos a nosotros mismos desde fuera es lo que nos permite que haya una transformación hacia un yo mejor.

Y aunque me gustaría equivocarme, creo que la realidad es que la gran mayoría de las personas viven instaladas en su ego. Solo se ven a sí mismas desde sí mismas, es decir, carecen de esa capacidad de autoanálisis, de verse desde otro ángulo, desde fuera, tal y como pueden ver a los demás. Y como este es el requisito imprescindible para crecer y cambiar, está claro que no crecen, ni cambian. Cuando alguien adopta esa actitud tan hermética y egótica de «el problema lo tienes tú», pocos cambios podemos esperar.

Por lo tanto, me gustaría que *Si duele, no es amor* contribuya a que haya más conciencia respecto a lo que es y no es el amor. Y sobre todo que nos ayude a entender qué significa «sufrir por amor» y qué tipo de sufrimiento podemos esperar cuando sí hay amor, para así poder diferenciarlo de todo el sufrimiento que no tiene nada que ver con el amor, a pesar de que nos empeñemos en atribuírselo, autoengañándonos con justificaciones y explicaciones del todo erróneas.

Incluye muchos casos reales que reflejan cada una de las situaciones que iré exponiendo, lo cual nos ayudará a incorporar una visión mucho más clara y real de las diferentes vivencias que podemos tener en una relación de pareja. Veréis que en muchos casos escribo desde la perspectiva de la mujer, pero quiero remarcar que todo lo que explico sucede tanto en mujeres como en hombres indistintamente. No me gustaría que pareciera que las que sufren son siempre las mujeres y los hombres, en cambio, son los que hacen sufrir, porque no es así en absoluto. Está claro que, al final, cuando sufrimos en situaciones en que supuestamente hay amor, las vivimos todos de la misma manera vengamos de donde vengamos. Independientemente de cuál sea nuestro nivel cultural, clase social, situación económica, etcétera, todos pasamos por lo mismo y de la misma manera. Si entendemos mejor estas situaciones y las diferentes formas que pueden adoptar, y si aprendemos cuáles son las herramientas para eliminar el sufrimiento, así como los indicadores que nos permitan evitarlo, podremos tener experiencias de vida mucho más placenteras y constructivas.

Así pues, espero de corazón que leer este libro sea una experiencia transformadora para ti. Y si consigo que te replantees algunas de las creencias que tienes acerca del amor y del sufrimiento que a menudo se considera (erróneamente) que este lleva implícito, lo habremos conseguido.

¿Vamos allá?

CAPÍTULO 1

¿CÓMO EMPIEZA TODO?

El origen de todo está siempre en aquello que vivimos y en la interpretación que hacemos de lo que nos pasa. Y en el terreno del amor y las relaciones, así como en los problemas que acaban derivándose de ellas, también se confirma una vez más esta idea. Desde pequeños vivimos muchas situaciones que serán decisivas para cada uno de nosotros.

Cuando hablamos de «sufrir por amor», está claro que nos referimos a relaciones tóxicas, y en la mayoría de los casos acabamos en este tipo de relaciones a causa de los modelos de referencia que hemos tenido desde pequeños. Por ello, vamos a ver, por un lado, cuáles son los modelos más frecuentes que nos marcan en la infancia y que nos empujarán a que, sin darnos cuenta, acabemos creando vínculos dañinos, y por otro lado, veremos uno de los modelos que se dan con más frecuencia, el hecho de no separarnos por los hijos, y sus consecuencias.

Nuestros modelos de referencia

Tanto si lo recordamos como si no, tanto si somos conscientes como si no, tanto si vemos la estrecha relación que existe como si no, lo que vivimos en nuestros primeros años de vida, mientras estamos creciendo y cuando aún no somos independientes, es crucial para la que será nuestra idea del amor y nuestras relaciones en el futuro. Es en la etapa de crecimiento y desarrollo, en la infancia y la adolescencia, cuando uno es más moldeable y absorbente. Lo absorbemos todo, lo copiamos todo, lo registramos todo sin que se nos escape detalle.

Al nacer, somos seres indefensos y completamente dependientes en manos de unos padres que habiéndolo decidido o no, deseándolo o no, nos han traído al mundo. La relación con nuestros padres es la primera relación importante de nuestra vida y, en principio, nuestra gran historia de amor verdadero. Pero ¿es siempre una historia de amor? No, está claro que no. Si entendemos que cuando un padre o una madre nos hace sufrir, no nos quiere, o no nos quiere de una manera sana, entonces está claro que esa no será nuestra primera historia de amor, aunque lo ideal sería, sin duda, que sí lo fuera.

Veamos a continuación algunos de los modelos que acostumbramos a tener de referencia, esos modelos de los que aprendemos y que solemos reproducir con la máxima rigurosidad, como si se tratara de historias gemelas:

- Padres que no te deseaban, que en ese momento no querían tener un hijo, así que al nacer no fuiste bienvenido. Puede que esto nos haya transmitido la sensación de que siempre tenemos que esforzarnos mucho para complacer a los demás, para que piensen que valemos la pena, para «ganarnos su amor».
- Padres que esperaban un niño y les vino una niña (o al revés), y quizá por ello se relacionaban de una forma determinada. Pueden llegar al punto de hacernos sentir inadecuados por ser como somos, lo cual puede llevarnos a tener dudas de identidad.
- Uno de los progenitores te abandonó justo al nacer o cuando ya eras un poco mayor. Con frecuencia esta situación nos lleva a sentirnos poco importantes, poco valiosos, e incluso a sentirnos culpables.
- Padres que te deseaban, pero que no se amaban entre ellos. A veces uno de los dos tiene un gran deseo de tener un hijo

y el otro no, y aunque no haya una buena relación de pareja, se centran en el embarazo y van siguiendo juntos. O puede que se tratara de unos padres con una relación que no funcionaba y que decidieran tener un hijo con la esperanza de que eso mejorara la situación.

* Padres que no tenían una relación equilibrada, por lo que siempre veías a uno de los dos muy dependiente del otro, adaptándose y cediendo siempre ante sus peticiones o deseos, renunciando siempre a aquello que de verdad quería para complacer al otro. En otras palabras, puede que hayamos tenido un claro ejemplo de lo que es una relación con dependencia emocional, en cuyo caso habremos contado con unos grandes maestros en el tema, a los que con gran probabilidad habremos imitado en nuestras relaciones. Por lo general, nos fijamos más en el papel de uno de ellos, y se ve claramente cuál es el rol que interpretamos.

* Padres que estaban siempre discutiendo, faltándose al respeto, ninguneándose por la casa, insultándose o incluso agrediéndose físicamente. Tal vez tu padre bebía y tenías que presenciar episodios en los que pegaba a tu madre. Tal vez te pegaba también a ti, tal vez acabaste en alguna ocasión en el hospital... Se trata de casos en los que crecemos sintiéndonos cómodos en esos ambientes conflictivos en los que nos maltratan, de modo que atraemos a personas con problemas, con adicciones, sin trabajo o incluso con deudas, gente que no nos trata bien y a la que es muy raro que le pongamos límites.

* Padres que te querían mucho, que intentaron darte lo mejor, que trabajaron mucho para que pudieras ir a buenos colegios y aspirar a algo muy grande. Quizá trabajaban tanto que no los veías lo suficiente. Tal vez nunca tenían tiempo para ti, a pesar de que tú hoy sabes perfectamente que estaban sacrificándose porque te querían.

* Padres que no se querían entre ellos, que estaban amargados, eran infelices y se sentían vacíos y frustrados, y luego apareciste tú y fuiste la excusa perfecta para que siguieran igual durante muchos años más: no se separaban por ti, «por

los hijos». Creían que eso era lo mejor para tu buen desarrollo, pero qué creencia tan errónea, ¿verdad? Está claro que una separación es un cambio importante en la vida del hijo, pero si se hace bien, de manera madura y respetuosa, y priorizando siempre al niño, este no tiene por qué quedar traumatizado, ni muchísimo menos.

* Padre que abandonó a la madre (o viceversa) o padres que simplemente se separaron porque uno de los dos conoció a otra persona con quien tenía muchas más cosas en común y decidió empezar una nueva vida a su lado, dado que hacía tiempo que no amaba a la madre. Por ese motivo, ella te alimentó con un profundo odio hacia él. Con sus comentarios, quizá sin darse cuenta, tu madre hizo que crecieras con la seguridad de que tu padre era malo, de que no te quería y por eso te abandonó. Y puede que eso no fuera cierto; tal vez él intentaba verte más a menudo, pero tu madre no le dejaba. Tal vez ella, ahora que eres mayor, y sin querer, te hace chantaje emocional, haciéndote sentir que si te vas de su lado, ella sufrirá, que tú no la puedes abandonar, que no puedes dejarla sola... y eso te impide que puedas volar, independizarte, desplegar tus enormes alas para demostrarte de lo que eres capaz. O tal vez fue la madre la que te abandonó y viviste la misma historia pero al revés. Hay muchos hijos atrapados en relaciones así.

* Padre o madre que decidió separarse o divorciarse del otro, o tal vez uno de los dos falleció en un momento en que era demasiado temprano para el hijo que tenía que enfrentarse a ello. Si te has encontrado en esta situación, puede que vivas tus relaciones con un miedo constante a que te abandonen, a que un día sin más la otra persona desaparezca, a que te deje sin que puedas entenderlo. Esto te genera mucha inseguridad y mucha obsesión.

* Padres que han sobreprotegido al hijo con sus comentarios y actuaciones, salvándole siempre de todos los problemas y quitando las piedras que encontraba en su camino. Con ello han provocado que el hijo, de adulto, ignore de qué es capaz,

que sea enormemente inseguro y que no sepa cuál es su verdadero y enorme potencial y que puede enfrentarse solo a lo que le ocurra, sea lo que sea. Tal vez el hijo tenga hoy miedos, porque ese padre o esa madre también los tenían y se los transmitieron. Tal vez incluso se encuentre viviendo episodios de profunda ansiedad cuando conecta con esos miedos.

Tal vez te veas reflejado en una de estas situaciones, o tal vez no, pero sea como sea, el inicio de tu vida fue crucial, ya que ahí empezaste a moldearte para convertirte en la persona que eres. Mejor o peor. Más consciente de todo o menos. Quizá te lo hayas planteado muchas veces, o quizá lo hagas por primera vez al leer estas líneas. Las historias que has vivido, el entorno que te rodeaba en tus primeros años, las personas que lo formaban y su manera de relacionarse son la base sobre la que construyes tu mundo de relaciones en la vida adulta.

Lo único que importa, en realidad, es que despiertes, que seas consciente de ello y que no lo ignores nunca más. Ser conscientes nos ayuda a comprender el porqué. El simple hecho de comprenderlo ya es muy liberador, porque nos damos cuenta de que no somos malos, de que en realidad no hay culpables, de que tan solo somos personas a las que nos han moldeado de una u otra forma, después de haber aparecido en una vida que, en principio, no hemos elegido.

No se trata de justificar, sino de comprender. Y comprenderlo no implica resignarnos, nada de eso, pues a mí la resignación me parece el peor de los venenos. Comprender va unido a aceptar. Y cuando lo podemos aceptar desde el amor, abrazando a ese niño que fuimos y que vivió aquello, sintiendo cuánto queremos a ese niño indefenso y vulnerable que se impregnó de esa realidad, solo desde ese punto, después de haber comprendido y aceptado, podemos decidir cambiar. Los pasos serían los siguientes:

COMPRENSIÓN → ACEPTACIÓN → DECISIÓN DE CAMBIO → ACCIÓN PARA EL CAMBIO = CAMBIO

El gran Einstein decía: «Hay una fuerza motriz más poderosa que el vapor, la electricidad y la energía atómica: la voluntad». La voluntad de cambiar todo aquello que no funciona bien es el motor que hará que nuestro cuerpo se ponga en marcha y pase a la acción. Sin voluntad, por mucho que nos digamos a nosotros mismos o escuchemos de nuestra pareja frases como «te prometo que cambiaré», «de verdad que no lo haré nunca más», «por favor, perdóname, no volverá a ocurrir», «venga, ahora sí», etcétera, se tratará de palabras vacías si no empezamos a su vez a hacer algo diferente o directamente pedimos cita a un profesional para que nos ayude a generar esos cambios. A veces es muy difícil conseguirlo por uno mismo y sin ayuda, y a muchos les resulta imposible.

Al ser más conscientes, nos damos cuenta de que es también en la infancia cuando empezamos a recibir numerosos *input* sobre el amor romántico, irreal, irracional, inmaduro y dañino. Es justo en esa etapa cuando empezamos a absorber las historias de la chica normal de la que se acaba enamorando un príncipe, del amor todopoderoso y del inevitable final feliz. Nos encanta, y no nos engañemos, en el fondo de nuestro corazón todos buscamos eso, todos creemos que vamos a encontrarlo.

Y si a esto le sumamos que estamos totalmente controlados y monitorizados por las grandes empresas de consumo, o despertamos y le ponemos un poco más de conciencia, o acabaremos siendo meros títeres en sus ambiciosas e insaciables manos. Si no, pensemos en los anuncios en televisión o en las revistas, que a mi parecer son el ejemplo más evidente de esta manipulación. Siempre salen parejas perfectas y felices, imágenes retocadas, físicos imposibles, y muestran una realidad que saben que todos vamos a desear. Y nosotros nos esforzaremos y gastaremos el dinero que ni siquiera tenemos para ser como aquella imagen falsa y para sentirnos tal y como la imagen nos hizo sentir. Pero todo eso era una falsa ilusión, y si la sentimos, será solo durante unos minutos, horas, días tal vez, y ya estaremos deseando la siguiente. Con el amor pasa igual. Parejas perfectas, personas guapas, enamoradas, felices, vestidas a la última y consumiendo productos que la mayoría no puede permitirse. Anhelamos lo que vemos, nos despiertan el deseo adrede, y una vez que despierta, es muy difícil hacer que se duerma otra vez. ¡Queremos una relación así! ¡Queremos conseguir ser así y encontrar el amor con alguien así! Nos han asegurado que eso existe, nos lo han mostrado, y ahora ya no podemos renunciar a ello.

Entonces, cuando nos enamoramos, estamos convencidos de haber conseguido lo que nos han vendido. Sentimos que ya podemos quedarnos tranquilos porque vamos a encajar en la sociedad. ¡Ya tenemos aquello que todo el mundo desea! Estamos pletóricos. Tal vez tendremos hijos o tal vez no, pero lo más probable es que empiecen a surgir problemas que no teníamos previstos. Empiezan a pasar cosas que nos hacen daño y nos hacen sufrir, pero los *inputs* que hemos recibido hasta el momento no nos han avisado de eso, nadie nos habló de esa posibilidad. Lo comentamos con personas de nuestro entorno, y a lo mejor nuestra madre nos dirá que los hombres son así, que tengamos paciencia, o que las mujeres son esto o aquello y que es lo que hay. Y así vamos pasando de un capítulo a otro y vamos sobreviviendo como podemos, soñando con aquellos atractivos y perfectos anuncios o con aquellas películas que mostraban aquel amor tan profundo y que nos marcaron tanto. O fantaseando con las numerosas canciones de amor que hemos aprendido, o buceando entre las páginas de esas novelas imposibles de dejar a un lado.

Así pues, queda claro que todo cuanto absorbamos sobre el amor en la infancia nos marcará para siempre y que sus consecuencias empezarán a verse en la siguiente etapa, la adolescencia, clave en nuestra vida amorosa, porque es en la que empezaremos a tener pareja.

PREGUNTAS PARA TOMAR CONCIENCIA

A continuación te propongo una serie de preguntas para que las respondas cuando tengas un momento de tranquilidad en el que puedas cerrar los ojos y viajar al pasado. La finalidad es aumentar el grado de conciencia y de autoconocimiento para encontrar respuestas que probablemente te aclaren muchas cosas respecto a por qué actúas así o acabas adoptando un rol determinado en tus relaciones.

La idea es que intentes recordar, pero si no lo recuerdas, deja que tu intuición te guíe hacia esos momentos de tu vida y permítete sentir cómo crees que fueron. Intenta sentirlo, imaginarlo.

Ve recorriendo pregunta tras pregunta y busca las respuestas, las imágenes y los momentos en tu interior. Puedes hacerlo de dos maneras:

1. **Lee todas las preguntas para así tenerlas claras.** Después cierra los ojos e intenta conectar con ellas para encontrar las respuestas. Cuando hayas acabado, abre los ojos y escríbelo todo.
2. **Formúlate una pregunta tras otra.** Lee la primera, cierra los ojos e intenta trasladarte a ese momento de tu vida. Al tenerlo claro, abre los ojos y anótalo. Y así pregunta a pregunta.

Tal vez no necesites cerrar los ojos porque tienes muy claro cómo fue esa etapa; si así es, ve respondiendo las preguntas a tu ritmo. Es cierto que hay personas que recuerdan nítidamente cómo sucedió todo, como si hubiera ocurrido ayer, y que otras tienen esos recuerdos archivados en alguna parte de su cerebro a la que les resulta muy difícil acceder, pero en ambos casos podemos realizar el ejercicio sin ningún problema.

Estas son las preguntas que te propongo para reflexionar y tomar conciencia:

1. ¿En qué entorno naciste? ¿Cuál era la situación de tus padres y tu familia en el momento en que tú naciste?

....

....

....

....

2. ¿Cómo fue tu infancia? ¿Qué recuerdas de ella? En general, ¿se trata de buenos o malos recuerdos? ¿Hay algo, algún momento, situación o persona que recuerdes especialmente con más fuerza?

....

....

....

....

3. ¿Cómo era la relación de pareja de tus padres? Con su manera de relacionarse, comportarse y actuar, ¿se demostraban mutuamente que se amaban?

4. ¿Has copiado el rol o algunas conductas de tu padre o tu madre en tus relaciones? ¿Te ves claramente reflejado en uno de ellos dos?

5. ¿Buscas personas muy semejantes a tu padre o tu madre? ¿Es tu pareja muy parecida a él o ella?

6. ¿Tal vez buscas justo lo opuesto o te has convertido en lo contrario a ellos? ¿Tienes una relación opuesta a la suya, aunque eso tampoco te resulte positivo?

....

....

....

....

El objetivo de estas preguntas no es otro que el de tomar conciencia de la relación que hay entre aquello que has vivido y has interiorizado como «normal» y lo que tú creas, atraes y acabas construyendo en tu día a día. Así podemos comprender que no es que las cosas «nos pasen», sino que nosotros tenemos algo que ver en cada situación. Sin darnos cuenta, acabamos comportándonos y llevándonos a nosotros mismos hacia aquello que nos es familiar, aquello que conocemos, ya que es donde nos sentimos cómodos (aunque sea algo claramente tóxico).

Al hacer consciente esta relación y entender por qué, sin saberlo, reproducimos aquello que indirectamente nos enseñaron es cuando por fin vemos que podemos elegir. Ya no estamos en aquella familia, ya no somos aquellos niños que no tenían herramientas para salir de esa situación. Ahora somos adultos, tenemos la capacidad de razonar y es nuestro momento de empezar a cambiar nuestra ruta para así conseguir nuevos resultados.

¿Qué quieres elegir a partir de ahora?

....

....

....

....

No me separo por mis hijos: la decisión equivocada

Más adelante, en el segundo capítulo (2.3), veremos cada uno de los modelos de relaciones tóxicas que con frecuencia aplicamos en nuestras parejas y en los que se basarán nuestros hijos cuando sean adultos. Aunque ahora ya somos conscientes de la repercusión que tienen nuestros modelos de referencia en las relaciones que construiremos en el futuro, quiero detenerme para profundizar más en una situación que es enormemente significativa y no menos perjudicial. Me refiero al habitual caso en el que uno de los dos progenitores afirma convencido que si no fuera por sus hijos, ya se habría separado.

Toda persona que haya crecido en una familia disfuncional se pregunta en algún momento por qué sus padres no se separaron y por qué aguantaron todo lo que aguantaron. En algunos casos, cuando hemos crecido en el seno de una familia muy religiosa, que aún hoy en día entiende la idea de divorcio como un castigo que debemos evitar a toda costa, es posible que sintamos en algún momento cierto orgullo al pensar que los padres se han mantenido unidos a pesar de todas las guerras que hayan tenido que atravesar y que se hayan creado entre ellos. Se sienten orgullosos, a pesar de que es algo sumamente triste, no nos engañemos. Esos hijos crecen, y tras la cortina de ese aparente orgullo, se esconden unas creencias de lo más estrictas e inflexibles, que tarde o temprano los acabarán llevando al más profundo sufrimiento.

Ese fue el caso de Amalia, quien por más cosas intolerables que sucedieran entre ella y su marido, estaba dispuesta a tolerar lo que hiciera falta para evitar el divorcio. De hecho, en realidad, su marido no quería divorciarse, no tenía ninguna intención de hacerlo, a pesar de no tratarla nunca bien y de haberle sido infiel con otras mujeres en repetidas ocasiones. Él era de esas personas a las que ya les va bien tener una estructura familiar bien vista de cara a los demás, dar la imagen de familia «modélica», de esas que cualquiera envidiaría. Con dos hijos, un buen trabajo y una casa con jardín y piscina, aparentemente todo les iba bien. Aun así, al cerrar la puerta de su perfecta mansión, lo que allí dentro se vivía era un auténtico infierno. A pesar de que su marido le decía que la quería mucho, no era cierto y se lo demostraba día a día. Sin embargo, ella no quería ver todo lo que le mostraban sus ojos.

La educaron en el seno de una familia para la que el divorcio era como una mancha negra en el expediente durante el resto de tu vida, era algo impensable, totalmente incuestionable. Le habían enseñado que lo primero que debía lograr para poder tener éxito en el resto de áreas de su vida era formar una familia, es decir, casarse y tener hijos. No quería ni pensar en la palabra *divorcio*, ni mencionarlo. Era de esas personas que van de psicólogo en psicólogo buscando un remedio, una solución para acabar con los síntomas, para dejar de encontrarse mal, para dejar de sufrir. Pero está claro que nadie puede dejar de sufrir al lado de alguien que no nos quiere o no nos trata bien, o ambas cosas a la vez. Visitó más de seis consultas diferentes, y en todas ellas, el proceso se centraba en cómo reconducir el matrimonio para que funcionara. Para que funcionara un matrimonio que no había funcionado nunca... irónico, ¿verdad? Solo uno de los profesionales le intentó mostrar lo que realmente le estaba sucediendo, y como no le gustó lo que escuchó, no volvió nunca más. En muchas ocasiones, si no está preparada para dar el paso o no está aún dispuesta a implicarse lo suficiente en la terapia, la persona lo deja a medias; simplemente no es el momento. Unos meses más tarde decidió acudir a mí.

Tenían dos hijos de seis y doce años. Dos niños absolutamente sobreprotegidos que cuando la veían llorando por los rincones, después de una discusión con el padre, le suplicaban entre sollozos que por favor no se separasen. Y eso era justo lo que repetía ella. No quería ni oír hablar de esa posibilidad.

Su marido la ninguneaba, podía pasar días sin hablarle ni dirigirle la palabra, y luego cuando tenía ganas de sexo, la perseguía por toda la casa como si nada. Y cuando ya estaba satisfecho, volvía a alejarse. Algunos días estaba normal con ella, pero ni de lejos lo que cualquiera de nosotros entendería por «normal», en absoluto; cuando estaba «normal», se mostraba distante, pero la diferencia era que le hablaba. Si alguna noche ella no quería tener relaciones sexuales porque se sentía herida por cómo la había tratado él los días anteriores, intentaba mantener una conversación para que la comprendiera, y en más de una ocasión, mientras ella le explicaba cómo se sentía, él se había puesto a masturbarse delante de ella. ¿Os lo podéis creer? ¿Podéis imaginar cómo se sentía ella? Ni pizca de empatía, de respeto, de compasión, ni por supuesto de amor. Ni pizca de nada. ¿Por qué seguía allí? Por dependencia emocional, está claro. Pero ¿cuál era la excusa? Como podéis imaginar, su argumento era que no podía hacerles eso a sus hijos.

Lo peor de todo es que los niños se empapaban día tras día de aquel escenario patético y deplorable. Lo peor es que mientras Amalia se justificaba a sí misma que seguía allí haciendo un gran sacrificio por ellos, era incapaz de ver que los estaba condenando a ser infelices en sus futuras relaciones. Un hijo siempre tiende a copiar a uno de sus progenitores, sea el padre o la madre. No tiene por qué ser un «clon», pero la tendencia se ve y se nota siempre con mucha claridad. O somos iguales o somos lo opuesto, pero siempre quedan claras huellas de nuestros referentes en nuestra conducta.

De hecho, Amalia me explicó un día —creo que se le escapó— que su hijo mayor empezaba a tratarla, en determinadas ocasiones, igual que el padre, dejando de hablarle y respondiendo mal. Y es que eso es lo normal, lo más habitual. El hijo tiene un modelo de quien aprende todo y no se cuestiona en absoluto si aquello que está reproduciendo está bien o mal. Lo reproduce sin más, de forma automática desde su disco duro interno.

También estaba el otro hijo, que adoptaba claramente la postura de la madre. A veces el padre o su hermano le hablaban mal y él tan solo agachaba la cabeza o se encerraba a llorar. Más o menos lo mismo que hacía Amalia. Qué triste, ¿verdad?

Pues eso es lo que conseguimos cuando siendo profundamente infelices, nos autoengañamos y nos negamos a la separación por el hecho de tener hijos. Hacemos muchísimo daño a los hijos si evitamos separarnos cuando ya no somos felices con nuestra pareja, ya sea porque nos trata mal o porque aunque sea una bellísima persona, sentimos que se ha acabado el amor.

Más tarde, esos niños crecerán, y de adultos elegirán las parejas adecuadas para poder adoptar el rol que han aprendido de pequeños. El hijo mayor de Amalia elegirá probablemente a una mujer que se deje dominar y empezará a tratarla mal, igual que hacía su padre con su madre. Si ella no se va tras el primer episodio de maltrato, irá normalizando la situación hasta que ya no sabrá si la culpable es ella o si se trata de una situación innegociable para cualquiera; exactamente lo mismo que le pasaba a Amalia. Y en lo que respecta al otro hijo, es posible que elija una pareja con carácter y con rasgos parecidos a los de su padre, mientras que él adoptará el rol de su mamá, sumiso, permisivo y sin una pizca de dignidad. Al final, a nadie le gusta una pareja así, con esa actitud. Está claro que eso es lo que busca un maltratador para poder ejercer su rol, pero a su vez, una persona con actitud de perdedora y que lo da todo regalado desde el primer momento tampoco es que sea muy atractiva ni excitante para el maltratador. En estos casos, con frecuencia acaba buscando otra compañera sexual, una tercera persona.

El de Amalia fue un caso difícil, lo admito. Si normalmente trabajamos con menos de diez sesiones, en su caso hicimos unas dieciséis. Tenía tantos miedos ligados a sus prejuicios sobre la idea del divorcio que tuvimos que ir haciendo un trabajo muy laborioso para que se fuera abriendo, poquito a poco, a una nueva manera de ver su realidad. Para que dejara de engañarse y de justificarlo todo, y sobre todo para que se diera cuenta de que sus creencias la encerraban y la mantenían presa en una vida vacía de la que necesitaba escapar lo antes posible. Por ella, está claro, pero sobre todo por sus hijos.

Y por si la presión de los hijos fuera poca, encima tenía la de los padres. Alguna vez se le había escapado que al explicarle a su madre alguno de esos tristes sucesos que vivía con su marido, la madre no quería ni oír hablar de ello. La cortaba en seguida, con frases del tipo «Los jóvenes de hoy no aguantáis nada» y comentarios por el estilo. Seguramente la madre tenía el mismo tipo de relación que Amalia, pero se había resignado tristemente para poder seguir aparentando normalidad.

En casos así, cuando tu propia familia no te da el aliento y la fuerza que necesitas, está claro que cuesta muchísimo más porque te sientes completamente solo. Sin embargo, también he visto muchos casos en que la familia y los amigos nos empujan a salir porque ven que aquello nos está destruyendo, pero tenemos un enganche tan fuerte y un miedo tan atroz que no nos lo queremos ni plantear.

En el caso de Amalia, le costó mucho. Pero lo logró. Salió de la relación e hizo un cambio radical en su vida. Al poco tiempo descubrió, por fin, lo que era ser feliz de verdad. Y al ser feliz, pudo empezar a mostrar a sus hijos lo que tanto necesitaban: seguridad, paz, equilibrio y una dirección clara en sus vidas.

Quiero mencionar que a pesar de lo que explico, de esta historia sumamente frecuente, es cierto que hay adultos que sienten que la separación de sus padres les ha afectado muchísimo, incluso traumatizado, pero se trata siempre de casos que han vivido un abandono literal, es decir, casos en que uno de los dos progenitores ha desaparecido durante un tiempo de su día a día, lo cual, como decíamos, sí que es traumático. Sin embargo, si los sigue teniendo a ambos por igual, los puede ver y puede compartir el mismo tiempo con cada uno de ellos, no tienen por qué quedar secuelas de por vida.

He elegido el caso de Amalia porque es el que, sin duda, ocurre con más frecuencia en nuestro entorno. Es el error más habitual que cometen los padres, con la mejor de las intenciones, el cual acaba arruinando sus vidas y enseñándoles a sus hijos «cómo arruinar las suyas». Es triste, pero esa es la realidad de lo que sucede y debemos ser conscientes de ello para poder hacer un cambio.

Si al leer esta historia nos identificamos claramente con el caso de Amalia, tampoco caigamos en el error de empezar a machacarnos, flagelarnos o castigarnos. Ya está hecho y no lo podemos cambiar. Debemos centrarnos en qué podemos hacer desde ahora, a partir del momento en que nos damos cuenta de ello y tomamos conciencia de que tal vez no lo hemos hecho muy bien. Apoyemos a nuestros hijos e intentemos enseñarles lo que hemos aprendido con nuestra experiencia, por si les sirve. Lo importante es intentar transmitirles esa información, por si están preparados para escucharnos y entenderla. Si no quieren recibir nuestros comentarios, o vemos que no nos hacen el más mínimo caso, tampoco hay ningún problema. Simplemente tendrán que aprenderlo cuando les llegue el momento, y ahí es donde podremos echarles una mano.

CAPÍTULO 2

EL MUNDO DE LAS RELACIONES

Un buen día, sin darnos cuenta siquiera, llegamos a la adolescencia. Esos años que muchos pagarían por borrar y otros, por que hubieran durado más. Una etapa que es también clave porque despierta en nosotros las ganas de tener pareja, de vivir esa experiencia con la que tanto habíamos fantaseado de niños, de que alguien se fije en nosotros, nos gustemos mutuamente y empecemos a salir. El primer beso, la primera vez de todo...

Pero también es en esas primeras relaciones cuando en algún momento nos sumergimos en nuestro baúl de herramientas, ese que hemos ido llenando a lo largo de los años. Hemos ido tomando notas mentales e incorporando todo aquello que hemos ido viendo, nos hemos fijado en cómo se han comportado nuestros padres en cada situación y cómo la resolvían, para saber qué teníamos que hacer si nos ocurría lo mismo. Ellos han sido nuestros principales maestros, la relación de referencia de la que vamos a partir. Y en función de esas notas, actuaremos de una u otra manera.

Si vivimos una situación en la que nuestro «primer amor» no nos trata bien o nos falta al respeto, eso nos dolerá muchísimo, pero tal vez recordemos que entre nuestras notas hay alguna que versa sobre eso. Las consultaremos y diremos: «Ah, sí, mi padre le fue infiel a mi madre varias veces y siempre la trataba exactamente igual que mi pareja me trata ahora, pero ella se lo perdonó siempre, incluso le suplicaba que no la dejara. Por lo tanto, eso es lo que debo hacer». Y lo perdonamos, por primera vez. Y dejamos así una huella muy profunda porque aquí empieza el *remake* de aquella historia ya vivida de nuestro pasado. Aquí empezamos a perder la dignidad, dejándola caer en un pozo que ni siquiera sabemos si tiene fondo. No lo hacemos de manera consciente, pero lo hacemos. Y es justo en este punto donde empieza todo.

Buscamos ese amor que nos habían prometido que un día conseguiríamos, pero se olvidaron de explicarnos que no siempre se encuentra en ese formato tan bonito de príncipes y princesas.

Relaciones tóxicas

Al contrario de lo que teníamos previsto, a menudo nos vemos rodeados de relaciones tóxicas, de personas que han crecido en familias desestructuradas en las que no les enseñaron a comunicarse correctamente con los demás o no les dieron suficiente afecto. Relaciones que vienen de modelos inconscientes y pasados de moda, con padres que las agredieron, las humillaron o las trataron sin respeto. Personas sumisas, personas egoístas, personas con las que no somos felices y, sin embargo, nos esforzamos continuamente para lograr que aquello se transforme en lo que teníamos previsto que fuera.

Puede que nos enamoremos de una persona que ya tiene pareja o que simplemente esté enamorada de otra persona. Puede que el amor sea correspondido, pero que un día descubramos que todo era mentira y que el otro va llenando nuestra mochila con engaños, mentiras y vidas paralelas. Puede que nos decepcionemos y tengamos que enfrentarnos a un duelo. O puede que nos planteemos la posibilidad de que aquello sea pasajero y puntual y no vuelva a repetirse, y así podamos seguir juntos con nuestro amor.

Puede también que nos enamoremos de una persona que intuimos que es fantástica, que no podamos ni creer que aquello sea verdad y que nos esté ocurriendo a nosotros. Que nos parezca que vivimos en una nube, pero que, sin darnos cuenta, sin saber por qué, empecemos a encontrarnos mal y a llorar demasiado a menudo. Y quizá creamos que somos nosotros los que tenemos el problema al ser demasiado sensibles. Pero puede que, en realidad, sea el otro quien nos hace acabar así. Tal vez aquella persona tan maravillosa no sea exactamente tal y como la imaginábamos. Y quizá entremos en una dinámica de esfuerzo y lucha para lograr estar bien juntos. Como algo que no funciona, pero que queremos que funcione sí o sí. Como un niño caprichoso al que le están diciendo que «no» y él no quiere aceptarlo. Y se enfada y deja de respirar, se cruza de brazos y pone morritos para demostrar a todos que no está dispuesto a claudicar.

A veces nos cuesta mucho identificar que estamos en una relación tóxica. Y es que muchas veces ni siquiera sabemos de qué hablamos o qué significa exactamente el concepto de «relación tóxica». Si lo pensamos, llamamos «tóxico» a aquello que nos intoxica y, de ese modo, nos produce malestar físico y psíquico. Solo tenemos que pensar en algún alimento que esté en mal estado y en cómo nos va a afectar. Recuerdo que una vez mi pareja me preparó un calamar que había estado demasiados días en la nevera y estaba malo. Nos intoxicamos los dos y pasamos un día entero en la cama con vómitos y fiebre alta, incluso delirando en algunos momentos. No acabamos hospitalizados de milagro, pero fue una experiencia verdaderamente horrible. Pues bien, algo tóxico es aquello que hace que nos sintamos mal, que lo pasemos mal, que nos encontremos mal.

Por lo tanto, cuando hablamos de «relación tóxica», nos referimos justo a eso, a una relación que nos hace sentir mal, ya sea en mayor o menor grado, ya sea porque crea ansiedad o sentimientos negativos en nuestro interior, ya sea porque tenemos que hacer un enorme esfuerzo para que aquello fluya y funcione, ya sea porque la relación nos merma la autoestima y eso nos lleva a pensar que no somos lo suficientemente buenos o no estamos a la altura, o ya sea por el simple hecho de que no miramos en la misma dirección y no nos llena la otra persona. Cuando sentimos que con nuestra pareja no tenemos objetivos en común o no compartimos lo más básico, tarde o temprano se acabará convirtiendo en una relación tóxica porque generará en nosotros frustración, irritabilidad, apatía, pena y mucha angustia. No se trata de cambiarle para que deje de ser así, sino de aceptar que es así y que así no le queremos.

Me parece importante aclarar que el concepto de «relación tóxica» no siempre implica que uno de los dos sea una persona tóxica o una mala persona. No es cierto. Acostumbra a serlo, pero en ocasiones no lo es. Una cosa es que la relación en sí sea tóxica para uno y otra cosa muy diferente es que el tóxico sea uno de los dos. Puede que la otra persona sea muy buena y tenga un gran corazón, que nunca nos haya faltado al respeto ni nos quiera ningún mal, pero aun así, puede convertirse en tóxica para alguien; por ejemplo, si ya no me quiere como pareja, pero quiere que sigamos viéndonos como amigos; si se ha enamorado de alguien más y no sabe si dejarme o no porque le da mucha pena y miedo perderme, o simplemente si somos demasiado diferentes y no buscamos lo mismo. Cualquier intento o esperanza de reconducir una relación así será completamente absurdo y una pérdida de tiempo y de salud.

También podría existir una relación tóxica si estamos con alguien muy diferente a nosotros, que no nos da lo que queremos en cuanto a afecto, que no comparte nuestros mismos gustos o que mira en una dirección diferente, pero que, no obstante, nos acepta como somos y puede llevar esas diferencias bien porque no modifica nada de lo que quiere hacer. Si nuestra pareja es así, también será, probablemente, una persona tóxica para nosotros porque acabaremos adaptándonos a su manera de funcionar, que no nos gusta, o bien le exigiremos cambios constantemente, con lo que le acabaremos amargando la vida. Por lo tanto, lo importante es que veamos que, en todos estos casos, la otra persona es tóxica para mí (porque al juntarme con ella, yo acabo sufriendo), pero que eso no significa que sea una persona tóxica.

Así pues, hablamos de «relación tóxica» cuando la persona que está en esa relación sufre a causa del tipo de vínculo que tiene con su pareja y al que se aferra, aunque no encaje para nada con lo que quiere en realidad. Y si aún no lo vemos claro, pensemos por un momento en nuestros amigos. Si a nosotros nos gusta ir a conciertos de *jazz*, tener una vida sana y tranquila, ver documentales sobre el Universo, el cine clásico, leer y aprender, ¿podremos entablar una amistad profunda con alguien a quien le gusta salir de noche y beber, tomar drogas y no mantener nunca conversaciones demasiado profundas? O imaginemos que hay una pareja en la que a él lo que más le gusta es el golf, así que va a clases, practica y entrena, participa en torneos, ve vídeos, asiste a conferencias; una de sus principales metas y preocupaciones es mejorar más y más en ese campo (a pesar de no dedicarse a ello profesionalmente, ni pretenderlo) y no está dispuesto a ceder o cambiar en absoluto la situación. A ella, por otro lado, le gusta viajar, descubrir nuevos rincones, ir a bailar tango, hacer yoga e ir de excursión por la montaña. ¿Qué ocurrirá con esta pareja? Por mucho que se empeñen en estar juntos, la relación no fluirá. Habrá uno de los dos que se sentirá insatisfecho con el otro. Si para él su afición es innegociable y no quiere renunciar a ella en todos sus ratos libres, ella intentará adaptarse al principio, quedará con amigas y saldrá con ellas, pero tarde o temprano se preguntará: «Pero, entonces, si cada uno va por su lado y no compartimos nada, ¿qué hago con él?». Si eso fuera una amistad en vez de una relación, no duraría ni una cuarta parte del tiempo que duran las relaciones así. O ya no es que no duren, es que a nivel de amistad ni siquiera empiezan. Y si eso lo trasladamos a la relación de pareja, teniendo claro que nuestra pareja debería ser nuestro mejor amigo, lo más probable es que acabemos pasándolo mal. Si esas diferencias, en cambio, son mínimas y se manifiestan en su justa medida, no habrá problema porque nos iremos adaptando, cediendo y negociando, hablando y resolviendo, y así tal vez podamos crecer.

Asimismo, claro está, hay casos más graves en que la otra persona sí es claramente tóxica y lo será con quienquiera que esté. Esto sucede, por ejemplo, cuando toleramos lo intolerable o permitimos determinadas conductas que jamás habríamos imaginado porque dañan nuestra autoestima y nuestra dignidad. En estos casos, no podríamos decir tampoco que sufrimos por amor. Eso no es amor, sino situaciones en que el amor ya habría empezado a transformarse en obsesión o dependencia. Soy consciente de que esta idea puede generar rechazo en más de uno, pero eso se debe a las fuertes creencias erróneas sobre el amor que han quedado arraigadas en nuestra mente.

El amor hacia nuestra pareja es un sentimiento que está vivo, que crece y se hace fuerte, pero que también se debilita y puede acabar muriendo. Igual que una planta, tenemos que regarla, ponerle abono, cuidarla y dedicarle el tiempo necesario. Cuando nos sentimos cuidados, importantes, valiosos, deseados y admirados por nuestra pareja, es cuando aparece el amor. Pero tal como aparece, si dejamos de sentir esos mínimos imprescindibles, si vemos que el otro ya no nos hace sentir así, el amor se irá quedando seco poco a poco, se irá marchitando, irá perdiendo fuerza, debilitándose, hasta que ya sea tarde para lograr que se recupere.

En muchas ocasiones vemos relaciones en las que uno le hace pasar auténticas barbaridades al otro. Desde pequeños reproches o detalles poco agradables a insultos y faltas de respeto más graves. En estos casos, nunca es el amor el que mantiene vivo aquello. La relación está agonizando y lo que la mantiene y nos impide que cortemos de golpe con ese malestar es, de nuevo, la dependencia emocional, esa incapacidad que sentimos a la hora de cortar una relación que en muchos momentos tenemos claro que no funciona y que no es lo que queremos. No obstante, cuando hay que dar un paso al lado para cortar, somos incapaces de hacerlo, lo vemos como algo imposible, nos invade el terror y la desolación, y lo único que nos calma es volver a su lado. Al hacerlo, en pocos días, o incluso en unos minutos, volvemos a ver claro que debemos irnos de allí, y así sucesivamente, una y otra vez, hasta que toquemos fondo. Si lo tocamos.

Siempre que estamos en una relación tóxica en la que existe dependencia emocional, debemos aprender a tirar la toalla. Debemos perder la esperanza porque esta, lejos de ayudarnos a seguir en pie hasta conseguir nuestro objetivo, nos hace alargar demasiado una triste y oscura agonía que tan solo nos lleva a experimentar un sufrimiento cada vez más profundo. Y al final, nos guste o no, solo hay un final, que siempre es el mismo: tristeza, vacío, ansiedad y denigración o pérdida de la dignidad. Y así, poco a poco, sin darnos cuenta siquiera, nos vamos deslizando en un terreno espinoso con el que no contábamos, y empezamos a sentir eso que llamamos, aunque erróneamente, «sufrir por amor».

LA PREGUNTA CLAVE

En el caso de que no estés muy bien en tu relación, voy a hacerte una pregunta que te ayudará a saber si esta aún tiene posibilidades de «salvarse»: ¿Estáis dispuestos (los dos) a ir a terapia de pareja para ver si pueden ayudaros a lograr que vuestra relación funcione bien y vuelva a fluir?

....

....

....

....

Si tu respuesta es «no»(ya sea porque te da pereza, porque estás cansado o porque no te apetece o no crees en los psicólogos), te aconsejo que te rindas y te centres en buscar la manera o la ayuda necesaria para salir de ahí.

Si tu respuesta es «sí», le tendrás que hacer después la pregunta a tu pareja, ya que esto es siempre cosa de dos. Si tu pareja dice que «no», no tienes mucho que hacer, y si eres una persona madura y realista, no debes esperar que cambie ni mejore nada. Si responde que «sí», podéis intentarlo.

Cabe tener en cuenta lo siguiente:

1. La terapia de pareja os ayudará a ver si la relación tiene posibilidades o no de seguir funcionando.

2. La terapia de pareja solo funcionará si los dos os implicáis por igual. De no ser así, no hay nada que hacer.

Sobre el amor y el sufrimiento

A pesar de que, como ya hemos comentado, el tema del sufrimiento amoroso venda tanto y sea tan comercial, si lo analizamos con un poco de detenimiento, veremos que es bastante absurdo e incoherente.

En primer lugar, debemos ser conscientes de que casi siempre que hablamos de «sufrir por amor», el sufrimiento al que nos referimos no viene producido precisamente por el amor. Al contrario de lo que pueda parecernos de entrada, sufrimos por amor en una minoría de casos, y creo que llegar a comprender la diferencia puede darnos mucha más claridad a la hora de enfrentarnos a las dificultades que todo esto conlleva.

Sobre el amor

El amor es la total aceptación del otro, sea este lo que sea.
ANAÏS NIN

Cuanto más juzga uno, menos ama.
HONORÉ DU BALZAC

Vamos a empezar hablando del amor. El concepto de «amor» tiene muchas definiciones y puede entenderse desde perspectivas muy diferentes, en función de la época, la religión o la ideología con la que hayamos crecido.

En Occidente siempre se ha acostumbrado a relacionar el amor con el afecto y el apego, y se le considera el responsable de determinadas actitudes y emociones con las que tenemos que lidiar.

Desde una perspectiva filosófica, el amor que siente el ser humano se relaciona asimismo con el afecto, pero también con la bondad y la compasión, ingredientes básicos que le llevarán a actuar o comportarse de una determinada manera con los demás.

A nivel científico, la idea que tenemos hoy del amor es la de un estado evolucionado del primitivo instinto de supervivencia, que durante muchos años mantuvo a los humanos unidos ante los posibles peligros. Dada la importante carga de atracción y deseo sexual que conlleva en la mayoría de los casos, es el que aseguró la continuación de la especie a través de la reproducción.

Lo que está claro es que, de entrada, para llegar a amar, los seres humanos necesitaban un cerebro capaz de lidiar con las emociones, y para ello tuvieron que pasar unos cuantos años. A lo largo de la evolución, el cerebro de los primates se fue haciendo cada vez más grande y complejo, si bien al nacer tenía que ser pequeño para que el parto pudiera llevarse a cabo sin complicaciones, de modo que pudiera pasar por el canal sin problema. Es por este motivo que las crías de gorilas, chimpancés y humanos son casi completamente inútiles y dependientes al nacer, por lo cual los progenitores tienen que pasar más tiempo cuidándolas para que logren sobrevivir. Y es a raíz de este prolongado cuidado cuando surge el vínculo maternofilial (importantísimo en estas especies), una fuerte conexión asociada a unos procesos cerebrales que harán que con los años vaya surgiendo la idea del amor más romántico.

Las emociones asociadas al amor son de las más poderosas que existen, y dada su importancia a nivel psicológico, el amor ha sido siempre uno de los temas más frecuentes en el terreno creativo: cine, literatura y música. De ahí que consideremos que las películas, las novelas y muchas canciones ayuden tanto a perpetuar esa idea errónea y destructiva del amor romántico que pocas veces encaja con la realidad. De hecho, hay otro punto de vista que también me parece muy interesante para comprender el posible origen de ese desajuste en torno a nuestra idea del amor. Consiste en analizar el amor desde la perspectiva de una sociedad capitalista, ya que esta sitúa a la sociedad dentro del marco de un proceso de producción. En este marco, el amor se convierte en un elemento más de dicho proceso. Las empresas analizan al ser humano y buscan la forma de extraer de él la mayor cantidad de consumo, sin vacilar a la hora de utilizar el amor y el sexo como reclamo de una forma descarada o incluso grotesca. La empresa evoca en el consumidor sentimientos amorosos y de deseo, pero su fin último no es buscar el amor ni el sexo por parte del consumidor, sino su dinero y su trabajo.

También hay otro detalle que no me sorprendió mucho al descubrirlo: la Iglesia católica sostiene que la asociación del amor con el símbolo del corazón no es casual. Explica que apareció en el siglo XVII, cuando santa Margarita María Alacoque tuvo una visión de un corazón rodeado de espinas, conocido como el Sagrado Corazón de Jesús. Asociar el amor a un corazón rodeado de espinas es algo que habla por sí solo y que tendría bastante que ver con esa atribución de sufrir por amor que hoy en día tenemos tan incorporada. De hecho, creo que si recogemos todos los datos anteriores, veremos que la mayoría de ellos nos serviría para comprender nuestra idea actual del amor, completamente errónea.

Desde una perspectiva más psicológica, Robert Sternberg explica en su teoría triangular que para que surja el amor en la relación de pareja debe haber siempre tres componentes imprescindibles, con los que la mayoría de profesionales estamos de acuerdo:

* **Intimidad**, entendida como aquellos sentimientos en el seno de una relación que promueven el acercamiento, el vínculo y la conexión. Esos sentimientos que activan en nosotros el deseo de dar, recibir y compartir. La confianza y la seguridad en la otra persona y en la relación.
* **Pasión**, entendida como un deseo de unión con el otro; deseo sexual o romántico, o ambos a la vez, acompañado de excitación psicológica.
* **Compromiso**, entendido como el pacto para mantener ese amor que sentimos. Mantenerse al lado de la otra persona en los buenos y en los malos momentos.

Sin duda, son componentes necesarios, e incluso imprescindibles, y sirven de claros indicadores de cómo está la relación, porque cualquier relación que observemos que no funcione tendrá carencias en una u otra de estas áreas. Es prácticamente imposible que estemos bien como pareja si estos tres componentes no están presentes o si uno de ellos no se ve reforzado por los otros dos.

Volviendo al concepto inicial y más básico del amor, decíamos que se relaciona principalmente con el apego (sano), el afecto, la compasión y la bondad. Cuando nos encontramos ante una relación de pareja sana, equilibrada y beneficiosa para ambos, pueden observarse esos ingredientes. Los propios miembros de la pareja serán conscientes de que reciben la bondad, la compasión o el cariño que cada uno necesita del otro y que estos ingredientes forman parte de su relación. Si el vínculo es sano, será siempre así. Sin excepción. Analicemos estos ingredientes con más detenimiento:

* **El apego.** Es importante diferenciar el apego sano del tóxico porque, sin duda, existen los dos. Hablamos de apego sano cuando se tienen ganas del otro, pero desde un equilibrio y una coherencia. Cuando amamos, tenemos ganas de estar cerca del ser amado, de compartir con él o ella la mayoría de vivencias, de explicarle nuestras dificultades y nuestros éxitos. Es la primera persona en la que pensamos cuando nos ocurre cualquier cosa emocionalmente fuerte o cualquier novedad imprevista. No queremos perder a esa persona, no queremos dejar de tenerla a nuestro lado ni tener que alejarnos el uno del otro. El alejamiento puede llevarnos a echarla de menos y contar los días para volver a tenerle al lado. Y decimos que es un apego «sano» porque a pesar de sentirlo y vivirlo así, con esta carga emocional tan fuerte, tenemos claro que si no nos queda más remedio, podremos vivir sin esa persona. Sabemos que si un día la relación acaba y, por cualquier motivo, decidimos no seguir, nuestra vida seguirá adelante. Sabemos que continuaremos creciendo y que nos cruzaremos con otras personas con las que tal vez crearemos un nuevo apego sano.

  En cambio, hablamos de apego tóxico cuando la necesidad del otro pesa tanto que incluso duele. En estos casos, sentimos que no podemos vivir sin esa persona, que si la perdemos nos moriremos y no podremos sobrellevarlo de ninguna manera, que se acabarán nuestra ilusión y las ganas de seguir creciendo. Este tipo de apego es obsesivo, manipulador, controlador y enfermizo. Es muy tóxico para ambos y nos lleva a sufrir dependencia emocional: te necesito como si fueras mi droga; si no te tengo, me encuentro muy mal, no puedo soportarlo, me muero.

Así pues, si no hay un apego sano, no hay amor.

* **El afecto.** Cuando el amor nos lleva a construir una relación sana, el afecto está presente. Me atrevería a decir que sin afecto no puede haber amor, que es un ingrediente imprescindible, que cuando alguien tiene una relación con una persona que no le da afecto, o que se lo daba pero dejó de hacerlo, no puede haber amor. Es imposible. El afecto es la principal vía a través de la cual transmitimos el amor que sentimos hacia la otra persona. A todos nos hace sentir bien y nos conecta con emociones placenteras que nos ayudan a cerrar heridas, a superar dificultades o enfermedades. Entonces, cuando no hay afecto, ¿podemos sentirnos amados? Yo creo que no. Por mucho que nos llenen la casa de regalos o que la otra persona quiera compensarlo con otras cosas, el afecto es irreemplazable. Si está, nutre el amor, lo alimenta con el mejor fertilizante, lo refuerza cada vez más, pero si no está, irá mermando al otro hasta que le resulte imposible soportar esa carencia. Y el amor empezará a reclamar, quejándose, pidiendo o exigiendo, hasta que al final acabará muriendo. El afecto no se puede mendigar, ni pedir. Debe estar, debe surgir. Y si alguna persona no sabe transmitirlo, es importante que haga un trabajo para aprender, o tendrá problemas en sus relaciones.

  Así pues, si no hay afecto, no hay amor.

* **La compasión.** Aunque a veces se confunda con la empatía, no se trata de lo mismo y cabe diferenciarlas. La empatía es la capacidad que tenemos de ponernos en el lugar del otro, de sentir su dolor. La compasión es la capacidad de sentir lo que está sintiendo el otro, pero al mismo tiempo esa capacidad nos mueve a actuar para intentar aliviar su pena. Es lo que nos empuja a hacer algo para evitar un poco de su sufrimiento.

Creo que es evidente que debe haber compasión en una relación sana. Cuando hay amor, la compasión no es algo que debamos marcarnos como objetivo. O está o no está. Si amas a alguien, te saldrá de dentro, sufrirás al ver que el otro sufre y harás lo que sea, sin pensarlo siquiera, para que tu amado esté mejor. Es algo que nace de nuestro interior de manera automática. No puedes soportarlo y actúas; ayudas, defiendes, proteges. Y la pregunta aquí es la siguiente: si no hay compasión, si ves que tu pareja sufre y te sabe mal, pero no te nace el ir a aliviarle o hacer algo y sigues con tu vida, ¿a eso podríamos llamarlo «amor»? La verdad, yo lo tengo claro: no. Cuando no hay compasión, no hay amor porque quien te ama desea que estés bien, que seas feliz, que tengas paz y puedas fluir con tu vida.

Así pues, si no hay compasión, no hay amor.

* **La bondad.** Es la inclinación natural a hacer el bien, a ayudar, aportar o aliviar, en la medida de lo posible, a los demás. La bondad surge de la persona, y si está en ella, se acaba mostrando sin que tengamos que esforzarnos. Cuando hay conductas o reacciones bondadosas con la pareja, esta se sentirá amada y querida. Sin embargo, si no las hay (por no hablar, evidentemente, de cuando el otro te hace daño con su manera de actuar sin importarle lo más mínimo que tú puedas pasarlo mal), tampoco estaríamos hablando de «amor», por más justificaciones que queramos inventarnos.

  Así pues, si no hay bondad, no hay amor.

Por lo tanto, vemos que cuando no están presentes los cuatro ingredientes principales que nacen del amor, es porque no hay amor. Así, cuando sufrimos porque no están, no podemos decir que sufrimos por amor porque, de nuevo, este no está presente.

Decimos que no hay amor porque en una relación de pareja, el amor surge cuando hay un dar y recibir a partes iguales. Necesitamos recibir esos mínimos para retroalimentarnos y podérselos dar a su vez al otro, con más fuerza y de manera más profunda, más sincera, más sentida. Si no existe esta retroalimentación, la parte que no recibe poco a poco se va quedando seca y finalmente muere de inanición. No podemos amar porque sí. Aunque nos parezca muy romántico y profundo eso de justificar con un «¡es que yo le amo tanto!» el hecho de tolerar ciertas cosas que deberían ser intolerables porque nos amargan la vida, en esos casos no estaríamos hablando para nada de amor.

Decía Spinoza que «el amor es una alegría acompañada por la idea de una causa externa». Para mí, esta causa externa se refiere al hecho de que la otra persona sienta lo mismo que nosotros y nos aporte en la justa medida esos ingredientes imprescindibles (bondad, afecto, compasión, etcétera) que nosotros también le estamos dando. Si eso desaparece en algún momento, la alegría del amor inevitablemente también lo hará. Si la balanza no está equilibrada, el amor que un día hubo, si es que llegó a haberlo, desaparece por completo sin dejar el más mínimo rastro.

Por su parte, el reconocido médico y escritor Deepak Chopra también ha hablado mucho acerca del amor. Me fascina escucharlo, y es de esas personas de las que querría retener en el cerebro cada frase, cada idea, cada palabra que expresa. Según él, nuestro estado natural, nuestra verdadera esencia se basa en el amor. Buscamos fuera sin darnos cuenta de que el amor que encontramos ahí es un reflejo del que sentimos hacia nosotros mismos, hacia nuestro auténtico yo. La persona adecuada es un reflejo de quien tú eres. En vez de buscar a la persona adecuada, se trata de que te transformes tú en la persona adecuada. Tú eres amor, así que no pidas amor, sé amor. Estar enamorado no tiene que ver con tener al lado a otra persona, sino con ser quien eres y serlo con amor y desde el amor.

Cualquier relación basada en la necesidad nos lleva a la preocupación de cómo llenar ese vacío, cómo conseguir eso que necesito y sin lo que no puedo vivir. Según Chopra, este tipo de relación nunca nos llenará. En cambio, cualquier relación que parte de una buena autoestima, de las ganas de cuidarte, divertirte y lograr el bienestar en tu interior, sí que nos hará sentir bien de verdad.

Chopra explica que las cualidades más elevadas de un ser humano, a las que todos deberíamos intentar acercarnos, son el amor, la amabilidad, la compasión, la empatía, la alegría y la armonía. Si logramos irradiar estas cualidades, nos sentiremos llenos y libres de necesidades.

Las parejas que van en direcciones diferentes o crecen a distinto ritmo, o bien se rompen (y está bien, no pasa nada, ya que una relación no tiene por qué ser permanente si ya no te nutre), o bien pueden llegar a nuevos acuerdos para ver si así vuelven a darle sentido a la relación, hablándolo y superando sus miedos, aunque para esto último deben tener muy buena comunicación. En todo momento es necesario ser claros con el otro respecto a lo que sentimos y darnos permiso a ambos para ser como realmente somos. Si damos y recibimos respeto y total aceptación, tendremos más probabilidades de solucionar los pequeños baches con los que nos encontremos y de construir una relación exitosa. Es cierto que, en general, en las culturas occidentales es frecuente que uno le dé al otro la libertad de ser como es. Y así debe ser, aunque no en todas las culturas lo entienden de esta manera.

Sobre el sufrimiento

Como veis, me niego a aceptar esa idea absurda e irracional de que el amor conlleva sufrimiento. Vivimos en un mundo cambiante. El Universo cambia constantemente, la Tierra cambia, el Sol cambia, nosotros cambiamos, cambia nuestro aspecto, nuestras opiniones, nuestros gustos y, por supuesto, también nuestros sentimientos. Por mucho que estemos convencidos de que hoy amamos, si ese amor nos lleva a sufrir, puede que mañana haya dejado de ser amor. Aunque antaño nos hubieran prometido y enseñado lo mucho que sentían por nosotros, aferrarnos a esas ideas con los ojos vendados sí que nos llevará a sufrir. Aferrarnos a la inmovilidad de los sentimientos es lo que nos conducirá, sin duda, al único destino del sufrimiento.

Estoy de acuerdo con algunos textos de Buda en los que afirma que el sufrimiento viene por el apego (tóxico), por la ignorancia y por el desconocimiento de la impermanencia y la interdependencia de las cosas, todas ellas dificultades para aceptar la inevitabilidad del cambio.

Centrémonos un momento en la definición de la palabra *sufrimiento*. Implica impotencia, desesperación, sentido de pérdida, pesar, separación, depresión, tristeza, sentimiento de ser un perdedor, sensación de desaliento, de que no se puede seguir... Y si vamos más allá y nos centramos en el origen etimológico de *sufrimiento*, vemos que significa soportar, llevar encima o sobrellevar algo que nos pesa y nos cuesta.

Sufrimos cuando nuestra realidad, aquello que estamos viviendo, no encaja con la idea que tenemos de cómo debería ser; cuando vemos que hay mucha distancia entre lo que tenemos y lo que deseamos de verdad. El sufrimiento es la sensación consciente que tenemos cuando estamos sometidos a una situación de mucho desgaste para nosotros, que es lo que ocurre cuando nos damos cuenta de que hay mucha distancia entre lo que tenemos y lo que queremos. Por lo tanto, el sufrimiento lo producen nuestra mente y nuestros pensamientos. En muchas ocasiones vemos ese claro desajuste, pero es como si no quisiéramos aceptarlo de verdad. Preferimos hacer como que no lo vemos por si algún día se produce un cambio y aquello mejora, aunque esto no sucede nunca.

Los pensamientos o las creencias que suelen hacernos sufrir son aquellos que activan el temor, la frustración y la sumisión. El hecho de no querer ver cómo son en realidad las cosas en una relación que no funciona, insustanciales e insatisfactorias para nosotros, el negarse a aceptarlo o a hacer un cambio para remediarlo, eso es lo que nos lleva a sufrir, a cargar con un peso que nos hace sentirnos cada día más exhaustos.

Las alertas emocionales (los gritos que lanza el cuerpo para indicarnos que está sufriendo y que hagamos algo al respecto) son la ansiedad, la frustración y el desánimo o la pérdida de la ilusión. Con estas emociones podemos tomar conciencia de que estamos sufriendo.

Es por todo eso por lo que no concibo la idea de sufrir por amor que nos habían enseñado. El amor no es malo ni nos hace sufrir, y cuando a veces hablamos de «amor tóxico», no hablamos realmente de amor, ya que en este caso, el amor habría desaparecido y se habría transformado en un enganche, en una lucha para conseguir que aquello funcione, en una guerra personal en la que nos implicamos a capa y espada, como si de una cuestión personal se tratara, para conseguir la victoria. Y no nos damos cuenta de que lo que hacemos es completamente irónico, ridículo y sin sentido. Luchamos por alguien que es probable que ni siquiera nos guste y por una relación que no nos hace felices.

Aquí la pregunta debería ser: ¿Para qué? ¿Cuál es la razón por la que acabamos aferrándonos de esa forma a algo que es tóxico? ¿Qué beneficio obtenemos de ese tipo de relaciones? ¿A qué le tenemos miedo? Creo que la respuesta tendría que ver con la cercanía que nos produce aquello que conocemos, la extraña comodidad o tranquilidad que nos da la rutina, aquello a lo que nos hemos acostumbrado, aunque sea malo. A veces veo a personas que, por muy mal que lo pasen, parece que no tengan límite, a las que por muchas cosas que les sucedan, nunca se plantean poner punto y final.

Nos da miedo cambiar, le tenemos miedo a lo nuevo. Pero lo irónico es que el temor lo sentimos porque no queremos acabar pasándolo mal (tras ese cambio que urge cada día más), y no nos damos cuenta de que donde estamos realmente mal es ahí, al lado de la otra persona. Tenemos miedo de sufrir cuando sufrir es lo único que estamos haciendo. Sin embargo, como es un sufrimiento que ya conocemos, que ya tenemos incorporado en nuestro día a día, no lo vemos tan grave como realmente es, pero de todas maneras, al sufrir, el cuerpo se va desgastando y la mente va enfermando. Entra en escena la obsesión, la pérdida de ilusión, la sensación de no recordar quiénes éramos antes de la relación, el sentirnos cada día más lejos de lo que somos en realidad. Y cuanto más perdidos nos sentimos, más tristes y distanciados estamos de nuestra verdadera esencia. Por lo tanto, debemos aprender a dejar ir, a soltar, a liberarnos de pesos y ataduras que nos ponemos nosotros mismos, o que nos pone otra persona, pero siempre bajo nuestro tímido consentimiento.

No es cierto que cuando la relación tóxica se asocia de manera directa con nuestro sufrimiento, el motivo por el que sufrimos sea el amor. Vamos a profundizar en ello en el siguiente punto.

Sufrir por amor

¿Se sufre realmente «por amor»? En la mayoría de los casos no, ya que el amor no duele ni hace sufrir. Como imagino que muchos en este momento os estaréis preguntando cómo es eso posible, vamos a explicar en qué casos el sufrimiento viene provocado por el amor que sentimos hacia nuestra pareja y en qué casos no es así.

¿Cuándo sufrimos realmente por amor?

Sufrimos por amor cuando empatizamos con el dolor de la persona a la que amamos. Solo se puede sufrir realmente por amor cuando el propio amor no está en juego, es decir, cuando el motivo por el que sufrimos no es la amenaza de la posible pérdida o fin de ese amor, sino otras cuestiones ajenas a la relación.

Sufriremos por amor cuando veamos sufrir a nuestra pareja, ya sea porque padece una enfermedad grave, porque ha perdido el trabajo, porque está atravesando un duelo por un ser querido, porque tiene problemas con su familia, etcétera. El mismo amor que sentimos hacia el otro hará que si le vemos sufrir, suframos nosotros también. Empatizaremos con su dolor, y este nos dolerá. Esto es inevitable cuando se ama; si el amor es sano, siempre ocurre. Siempre. Si vemos que no es así, es que no hay amor.

También podemos sufrir si, por cuestiones laborales o familiares, nos vemos obligados a separarnos durante un largo período de tiempo de la persona amada, ya que si decidimos estar juntos, el apego sano hará que queramos estar cerca el uno del otro y compartir nuestros días y vivencias. Podemos comunicarnos por videoconferencia, pero no es lo mismo que el contacto físico y que el hecho de tenernos al lado. Si esa separación dura demasiado tiempo, el distanciamiento hará que el amor se vaya desgastando poco a poco, y si no lo cuidamos mucho (con visitas periódicas, sorpresas, etcétera), lo más probable es que acabe por desaparecer.

Otra situación en la que podemos sufrir es cuando queremos a nuestra pareja, sentimos que nos aporta todo lo que buscamos y somos felices a su lado, pero aparece otra persona que nos hace despertar el deseo y la atracción. No queremos hacer daño a nuestra pareja, pero nos cuesta no sucumbir a la tentación. Puede que logremos poner freno a tiempo con mucha fuerza de voluntad, o puede que nos excedamos, pero este tipo de situaciones van siempre acompañadas de altísimas dosis de ansiedad para quien ama a su pareja y se encuentra en esta encrucijada. Hay quien cree que si pasa eso, es que no hay amor, pero la experiencia nos demuestra que no es cierto y que podemos amar y, aun así, sentirnos atraídos por otra persona. Todos podemos encontrarnos en esa situación, y más si llevamos ya bastante tiempo juntos y la parte del deseo y la sexualidad se ha transformado en rutina o ha perdido el efecto «tengo ganas de ti». Si nos ocurre algo así, lo recomendable es que, sin demora, hagamos lo necesario para alejarnos de esa nueva persona y para volver a alimentar el deseo y la pasión con nuestra pareja. Si lo conseguimos, con el tiempo todo lo que sentíamos hacia ese tercero irá menguando hasta desaparecer, porque no era nada más que el deseo que nos provoca lo nuevo y prohibido. Si no lo conseguimos y nos dejamos llevar por el deseo y la atracción, esto puede conducirnos directamente a una ruptura de la relación, ya que lo más probable es que acabe saliendo a la luz, y provocaremos un gran daño a nuestra pareja. Sufriremos al darnos cuenta de que estamos engañando a quien amamos y de que somos incapaces de pararlo, y al final se nos puede ir de las manos. Si nos ocurre algo así y no queremos explicárselo a nuestra pareja, lo más recomendable es pedir ayuda profesional para obtener las pautas necesarias para gestionar esa situación.

Por último, hay otro caso en el que sufrimos por amor: cuando vemos sufrir o vemos que le hacen daño a un ser querido, que no tiene por qué ser la pareja. Lo he visto en numerosas ocasiones con los hijos. Por ejemplo, cuando una madre ve cómo el padre trata mal a sus hijos, los descalifica gratuitamente, los desaprueba por todo, nunca les reconoce nada positivo ni los anima a que vayan a por más, haciéndoles sentir que no valen nada. Está claro que tener un progenitor así nos marcará para siempre, ya que esas experiencias dejan una profunda huella en nuestra piel, y si somos espectadores de ello, no podremos evitar que nos duela.

Si un padre o una madre se da cuenta de que está sucediendo esto, lo más recomendable es que se separe lo antes posible, porque cuando un padre es así con los hijos, significa que se comporta así de forma habitual, de modo que también será así con la mujer, con los trabajadores, etcétera. Cuando los hijos son pequeños, carecen de herramientas para defenderse y no tienen aún suficiente conciencia como para razonar la situación y quitarle peso, o para ver a su padre como una persona que está enferma, que no se da cuenta o que no lo hace con maldad. Ellos piensan: «Si me dice esto, es porque debe de ser verdad», y crecen con esa certeza. Esto se confirma porque todos aquellos que han crecido en un entorno en que el padre o la madre los ha menospreciado, ridiculizado o desaprobado, y que, además, no han recibido el afecto que necesitaban, serán después adultos con muchos problemas de autoestima, con dificultades a la hora de crear relaciones de pareja sanas o de elegir a las personas correctas. Pueden convertirse incluso en esas personas que se pasan la vida haciendo formaciones, talleres y cursos de crecimiento personal y terapias alternativas en busca de ese afecto, de ese amor, de ese cariño que tanto ansían porque no saben dárselo a sí mismos. En este caso, por lo tanto, sufriremos por amor porque alguien a quien queremos está sufriendo. Se trata de una situación en la que debemos tener claro que si los niños son menores de edad, está en nuestras manos protegerlos de ese adulto, sea el padre o quien sea. Desde el momento en que hemos decidido traerlos al mundo, tenemos el deber de sacarlos de allí, de cuidarlos y de alejarlos de todo aquel que les haga daño. Si no nos sentimos capaces de conseguirlo, debemos pedir ayuda profesional; es muy importante que lo hagamos, si no por nosotros, por ellos, que no tienen ninguna culpa.

Es cierto que si hemos elegido a esa persona como padre o como madre, esto es lo que hay, no podemos cambiarlo. Pero en lo que siempre insisto es que lo que sí podemos cambiar es lo que hago a partir de ahora, del momento en que lo veo y me doy cuenta. De ahora en adelante, ¿qué elijo? ¿Sigo aquí o quiero algo diferente?

Este caso también puede extrapolarse a los padres o a un amigo muy importante. Si sentimos que queremos a esa persona y vemos que tiene al lado a alguien que le hace sufrir, que no la trata bien, o vemos que está pasando por un período muy duro en su vida, eso también nos hará sufrir, de modo que podemos considerar, sin duda, que sufrimos por amor.

¿Cuándo no sufrimos realmente por amor?

No puedes sufrir por amor cuando el motivo por el que estás sufriendo es, en realidad, el desamor; es decir, cuando ya no te aman. Hablar de desamor (cuyo prefijo «des» significa «dejar de») implica que la otra persona nos ha amado, pero ya no nos ama. En este caso sufrimos por la impotencia y la frustración que nos produce el hecho de querer volver al principio, a ese período en que el otro nos amaba. Se trata de una situación muy dura porque hemos vivido el amor, sabemos que existió, pero nos vemos obligados a aceptar que ya pasó y que es muy probable que nunca más vuelva a estar presente junto a la misma persona. En estos casos se sufre, y mucho, pero por desamor. Sufrimos porque no dejamos de dibujar una y otra vez en nuestra mente la película de lo que fue, de ese maravilloso amor que hicimos crecer entre los dos, que durante un tiempo compartimos, así como de los sueños y proyectos que tal vez habíamos construido en común. Nos martirizamos, nos culpabilizamos, haciéndonos responsables de que sus sentimientos hayan cambiado. De nuevo, quedamos atrapados y hundidos por la ignorancia de la inevitabilidad del cambio, no nos planteamos nunca que las cosas pueden cambiar, porque todo evoluciona, todo se transforma. Y mientras nos sumergimos en todos esos procesos mentales tan destructivos para nosotros, nos alejamos cada vez más de la aceptación de la realidad, que es la única medicina que nos permitiría recuperarnos y seguir adelante con más fuerza. Nos recreamos en aquellas escenas que vivimos, e incluso las transformamos, haciéndolas muchísimo mejores de lo que fueron en realidad. Todo para castigarnos cada vez más. Nos hundimos en nuestra propia pena, sin darnos la oportunidad de empezar el proceso de duelo, el único que nos llevará a esa aceptación liberadora.

Si perdemos cualquier cosa que tengamos y a la que estemos apegados, lo pasaremos francamente mal. Será un cambio al que nos veremos obligados a enfrentarnos, posiblemente en contra de nuestra voluntad, lo cual nunca es agradable. Por lo tanto, en estos casos, no cabe duda de que no estamos sufriendo por amor, porque si fuera por amor, sería porque queremos al otro y el otro nos quiere también a nosotros. Sin embargo, el otro ya no nos quiere y, en consecuencia, como no nos va a dar esos mínimos que todos esperamos recibir de quien amamos, nuestros sentimientos hacia él o ella también se transformarán y, así, dejaremos de sentir amor. Sufriremos por desamor, que es muy diferente. Dejemos de atribuirle la causa de nuestra terrible desdicha al amor, porque este no tiene ninguna culpa ni nada que ver.

Por otro lado, aunque hablamos de sufrir por desamor cuando los sentimientos de la otra persona cambian y deja de amarnos, esto también podría darse en uno mismo. Puedo ser yo quien deje de amar a mi pareja y empezar a sufrir al ver que él o ella sí que me ama, es feliz a mi lado, está conforme con la vida que hemos construido y ya le está bien. Sufriré por desamor porque veo que soy yo quien ya no ama y que esto me conduce a poner fin a la relación con alguien que quiere seguir a mi lado. Ya no amo a esa persona como pareja, pero puede que siga sintiendo un profundo cariño por todo lo que hemos compartido y, por ello, al intuir que con mi cambio de sentimientos y mi posterior ruptura de la relación el otro acabe sufriendo, esta situación puede que me haga sufrir también a mí. Por lo tanto, lo que podemos ver con mucha claridad es que el desamor, a no ser que sea mutuo, siempre lleva de la mano el sufrimiento.

Otro supuesto es el de sufrir por querer que te amen. A diferencia del caso anterior, en el que sabemos que nos habían amado, en esta ocasión se da por sentado que esa otra persona nunca nos ha amado. Se trata de casos en los que estamos enamorados de una persona que no nos corresponde, tanto si somos conscientes de ello como si no.

Hay ocasiones en las que lo vemos, pero no queremos aceptarlo y nos negamos a la evidencia. Puede que la otra persona esté actuando con nosotros (fingiendo que sí siente lo mismo o demostrando más interés del que en realidad tiene), ya sea por puro interés, por aburrimiento o por no estar sola, y nosotros simulamos no darnos cuenta, hacemos como si no lo viéramos, y nos limitamos a intentar disfrutar de su presencia. Este caso puede darse estando en la relación o no, es decir, puede ser que estemos con una pareja que no nos quiera y que nunca nos haya querido a pesar de llevar ya un tiempo juntos. Puede que incluso estemos conviviendo o que nos hayamos casado. El hecho de estar en una relación no implica para nada que haya amor. Si ese fuera siempre un requisito *sine qua non*, otro gallo cantaría, y las relaciones irían de otra manera; sin embargo, lamentablemente, no es así. Por lo tanto, es posible llevar años de relación con alguien que no nos quiere y que desde fuera lo vea todo el mundo e intenten decírnoslo, ya que esa persona lo demuestra claramente con sus actos, pero que nosotros no lo queramos aceptar por miedo a perderla y quedarnos solos. Está claro que vivir así es un sufrimiento perpetuo, diario, profundo y muy destructivo.

Esta situación en la que se sufre por querer que te amen aunque no te hayan amado nunca también puede darse sin que estemos en una relación, es decir, puede ser algo más bien platónico, fruto de nuestra imaginación y nuestras fantasías más que de la mera realidad que tenemos delante. Hay mucha gente con falta de autoestima que encadena una relación con otra, siendo todas ellas grandes y claros fracasos ya antes de empezar. Esas personas se quedan con perfiles que no encajan y que no las tratan bien, o buscan otro tipo de personas y solo las eligen porque son muy fáciles de conseguir debido a su desesperación por encontrar a alguien, a la idealización que hacen siempre del otro (sea quien sea ese otro) y al hecho de estar siempre disponibles y a mano. De nuevo, no cabe duda de que este tipo de sufrimiento no viene producido por el amor, sino por la ausencia del mismo y por fantasear con una realidad inventada que jamás existió más allá de nuestra mente y que, nos guste o no, jamás existirá.

Por lo tanto, cuando sufrimos porque alguien que nos amó ya no nos ama o porque queremos que nos ame alguien que nunca lo ha hecho, no estamos sufriendo por amor. El sufrimiento es real, pero la causa no es el amor, sino precisamente su ausencia, ya sea porque desapareció o porque nunca existió. En definitiva, sufrimos por haber generado un enganche a una relación que es tóxica para nosotros, una relación que no encaja con lo que queremos, una relación que no nos aporta paz, estabilidad y equilibrio, sino todo lo contrario. Es una relación que nos destruye, nos hace sentir mal la mayor parte del tiempo y nos mantiene atrapados en una lucha por conseguir que todo sea tal como hemos soñado y deseado con todas nuestras fuerzas, si bien sabemos que nunca será así. Se trata de relaciones que han generado dependencia emocional, ya sea por parte de uno o de ambos.

En el siguiente punto analizaremos con más detenimiento cuáles son los casos en que verdaderamente sufrimos y no es por amor, a pesar de creer que sí; esos casos en que el único motivo por el que sufrimos es por estar atrapados y enganchados en una relación que nos resulta tóxica. Y si a pesar de ello no logramos ponerle punto y final, entonces es porque hay dependencia emocional.

Cualquier sufrimiento que sintamos en nuestro interior, nacido a raíz de una serie de carencias, de darnos cuenta de que no recibimos esas dosis básicas que son tan necesarias, no está ligado al amor, sino a la falta de este, ya que si no existen esos ingredientes, tampoco hay amor. Cuando una persona está sufriendo en una relación, tiene siempre la sensación de que a nadie más le pasa lo mismo, ya que en su entorno no la entienden, no comprenden por qué no corta la relación, pero es evidente que se trata de una creencia totalmente errónea. Que no le pase a ningún amigo o a ninguna persona cercana a su entorno no significa que no haya miles y miles de personas en el mundo que estén sufriendo situaciones parecidas (o incluso idénticas). A todos nos acaban sucediendo las mismas cosas, y aunque en apariencia no sea un consuelo, el hecho de pensar que muchos de los individuos que han pasado por eso están ahora mejor sí que nos puede llevar a la motivadora conclusión de que tal vez nosotros también podremos lograrlo.

A Cuando ya no hay amor (lo hubo pero ya no lo hay)	B Casos en los que nunca ha habido amor de verdad
1 Sigo dentro de la relación. Caso de Marta.	1 Me enamoro de alguien que ya tiene pareja. Caso de Enrique.
2 Se acaba la relación: • El otro rompe la relación. Ya no me quiere y me deja. Caso de Patricia. • El otro se va, pero quiere que sigamos siendo amigos. Caso de Miguel. • Situación de «hoy te quiero y mañana me sobras». Caso de Javier y Lucía. • Me deja por otra persona y mi vida se desmorona. Caso de Elena.	2 Tenemos una relación de amantes, pero nunca va a más. Caso de Miriam.
	3 Encadenamos relaciones, una tras otra, por miedo a la soledad. Caso de Sandra.

Sufrir por estar atrapados en una relación que nos resulta tóxica

A. Cuando ya no hay amor

Como hemos visto, esta situación puede darse de dos maneras, estando aún dentro de la relación o después de que esta acabe. En ambos casos hubo amor, pero este ya desapareció, a pesar de que nos neguemos a aceptarlo y queramos seguir apostando por la relación pase lo que pase y a costa de lo que sea necesario. Nada nos importa más que conseguir que la relación vuelva a ser lo que era (a pesar de que incluso esa idealización que tenemos en la mente no sea cierta en la gran mayoría de los casos). Por ello, vivimos esa situación sin límites, con un aguante desmedido, al margen de lo que suceda entre los dos. Como cabe imaginar, el desgaste y la destrucción que esto llega a generar tampoco tiene límite alguno.

1. Sigo dentro de la relación

Puedo optar por seguir en la relación a pesar de no estar bien. Tengo muchísimos motivos que me piden a gritos que salga de allí, y lo cierto es que en algunos momentos lo veo clarísimo, pero luego me cuesta demasiado dar el paso y no lo consigo.

En este caso, a pesar de ver que ya no está presente el amor que había antes, a pesar de que el otro me demuestre que no me quiere a través de su manera de actuar conmigo, es como que me da igual. Hago como si no lo viera y sigo allí, con actitud sumisa y obediente, arrastrándome y mendigando afecto a cambio de lo que el otro esté dispuesto a darme. Intentaré portarme bien y ser lo que creo que se espera de mí para que así no me deje definitivamente, lo cual sería mi fin, no podría soportarlo, dado que veo ese desenlace como lo peor que podría pasarme.

El otro puede demostrarme que no me quiere, o que no me quiere de la manera que yo necesito, de muchísimas formas:

* Haciendo que no me sienta nunca su prioridad o demostrándome que siempre hay otros temas o personas más importantes que yo.
* Tratándome mal, ya sea respondiéndome de manera agresiva, menospreciándome, insultándome, denigrándome, ridiculizándome delante de los demás, piropeando a otras mujeres cuando vamos juntos por la calle, gritándome o agrediéndome físicamente y dejando incluso marcas en mi piel.
* Enfadándose conmigo o dejando de hablarme durante días (para mí, esto tendría que ser absolutamente intolerable en cualquier relación).
* No siendo del todo sincero y honesto conmigo, optando por no explicarme determinadas partes de su vida actual que sabe muy bien que me incumben a mí.
* Siéndome infiel, ya sea manteniendo una relación paralela con otra persona durante mucho tiempo, o bien teniendo aventuras con diferentes personas.

En este último caso, la situación es sumamente compleja. Las infidelidades son muy frecuentes y la manera de gestionarlas dependerá siempre de si la fidelidad es uno de nuestros valores innegociables o no, y de cómo nos afecta lo sucedido. En muchas ocasiones, una infidelidad puntual no se ve igual, o podemos no vivirla igual, que si se trata de una infidelidad prolongada en el tiempo (una relación paralela). Asimismo, tampoco se vive igual que una pareja haya cometido muchas infidelidades puntuales con personas diferentes o que haya tenido una relación paralela durante mucho tiempo.

De todas formas, hay algo que debe quedarnos muy claro: si consideramos la posibilidad de seguir al lado de alguien que nos ha sido infiel, esto ya implica que debemos partir de la idea de que empezamos una nueva relación con esa persona. No se trata de partir de cero, tal y como nos gusta decir en muchas ocasiones, sino de empezar una nueva relación. No podemos pretender seguir donde lo dejamos o volver a sentir lo que sentíamos antes de que aquello sucediera, porque esto no será posible, al igual que no es posible retroceder en el tiempo.

Seremos dos personas diferentes y debemos tenerlo muy claro para poder ver si somos capaces de, a partir de ahí, construir esa nueva relación juntos.

EL CASO DE MARTA:

descubre que Raúl le ha sido infiel

Marta es una mujer con un corazón enorme, un ser muy especial que transmite bondad allí donde va. De esas personas a quienes acudirías a explicarles tus problemas porque sabes que te escuchará con atención, sin juzgarte, sin criticarte ni decirte lo que tienes que hacer.

Había crecido en una familia en la que le habían enseñado que el amor se demuestra, que hay que tratar a los demás de la misma manera en la que quieres ser tratado y que cada uno de nuestros actos tiene siempre sus merecidas consecuencias. Su padre era una persona muy estricta, pero al igual que ella, tenía un gran corazón, y su madre se había desvivido por sus dos hijos y su marido.

Conoció a Raúl cuando ambos tenían dieciséis años. Iban al mismo instituto, y en seguida se enamoraron y empezaron a salir. La familia de él no era como la de Marta. Sus padres discutían siempre y él había crecido en un ambiente en el que los gritos y los desprecios estaban a la orden del día. A pesar de ello, Raúl siempre tuvo como modelo de referencia a su abuelo, un señor elegante, educado y también muy estricto. Pasó todos los veranos a su lado, por lo que absorbió de él todo lo que pudo.

Por su situación familiar, lo único que Raúl quería era irse de su casa en cuanto su economía se lo permitiera. Por ello, a los veinte años, él y Marta decidieron que puesto que ambos tenían trabajo, podían buscar ya algún apartamento que estuviera al alcance de sus posibilidades. Y así lo hicieron. Siempre fueron una pareja envidiada por todos sus amigos porque parecían tener todos los ingredientes imprescindibles en una relación. A los dos les gustaba mucho hacer deporte e iban juntos a correr, a esquiar y en bici; cuando tenían problemas, lo hablaban e intentaban resolverlos llegando a algún acuerdo; se cuidaban, se querían y, lo más importante, se lo demostraban.

A los veinticinco decidieron casarse, y dos años más tarde, decididos a ser padres, tuvieron a su primer hijo. Raúl llevaba años trabajando de director financiero en una empresa internacional y tenía que viajar mucho a Sudamérica. Se organizaban como podían, y cuando el pequeño cumplió tres años, decidieron que querían darle un hermanito. A los pocos meses de haber tomado la decisión, Marta supo que estaba embarazada de gemelos.

Al principio les asustó un poco la noticia, pero en seguida lo vivieron como algo maravilloso. El embarazo fue extraño para Marta, ya que no se encontraba muy bien y se sentía sola. A pesar de que Raúl la llamaba cada día, ella sentía que su voz no la calmaba igual que antes. Lo hablaron, y aunque en ese momento él no podía pedir ningún cambio en la empresa, también estaba cansado de pasar tanto tiempo lejos de casa, así que le prometió que en cuanto pudiera, haría lo posible para dejar de viajar como lo hacía. En unos meses nacieron los gemelos. A Marta la ayudaba mucho su madre y ella intentaba compaginar el cuidado de sus hijos con su trabajo, que no quería dejar. Raúl estaba cada vez más nervioso, tenía muchas responsabilidades en el trabajo y no podía dormir bien por las noches. Un día le explicó a Marta que había decidido pedir cita con un psiquiatra porque no acababa de sentirse bien. Le recetaron ansiolíticos, y aunque al principio pareció que le calmaron un poco, con los meses volvió a sentirse igual. Algunos días estaba alegre y contento, y otros se hundía y no había quien le sacara de ese pozo. Marta le animaba a dejar el trabajo si era necesario, ya buscarían otras opciones, pero él no parecía aceptarlo y le decía que aún no era el momento.

Cuando Marta vino a verme a la consulta, su hijo mayor tenía casi cinco años y los pequeños tenían casi dos. Estaba claramente afectada por su situación, que logró explicarme entre sollozos.

Dos meses antes de acudir a la consulta, una tarde de domingo más fría de lo habitual, Marta estaba en el comedor de su casa jugando con su hijo mayor. Los otros dos dormían y ellos estaban sentados en el suelo, delante del fuego, jugando con un lego que a él le fascinaba. Le encantaba imaginar figuras y ver cómo podía darles forma con las piezas. Estuvieron con el lego un buen rato y luego Nahuel le pidió el iPad para jugar con un juego que le había instalado su padre. Solo se lo dejaban los fines de semana, por lo que Marta fue a buscarlo. Lo encendió y mientras esperaba que se activara el programa de su juego, abrió la bandeja de entrada del correo, de manera automática, para ver si había alguna novedad. No había nada. Sin saber por qué se puso a mirar otros correos y de repente allí, en aquel instante, le entró un correo nuevo de una tal Cristina M. Algo se removió en su interior. No pudo evitar abrirlo. Descubrió que era una compañera de trabajo de su marido que estaba en Brasil, uno de los países donde él pasaba más tiempo.

De entrada, el correo informaba del cambio de hora de una reunión, pero al final ponía: «Con muchas ganas de verte hoy a las 21 horas, Cris». Marta se quedó helada. Sin poder apenas respirar. No podía pensar con claridad y el corazón dobló de repente su velocidad. De manera casi automática, puso el nombre de esa chica en el buscador de su programa de correo y vio cómo empezaban a aparecer más y más correos entre ambos. Se dio cuenta de que los primeros eran de unos meses después de que nacieran los gemelos. Empezó a abrirlos y conforme leía, no podía creerlo. Su mundo se vino literalmente abajo. Raúl le decía a esa chica cosas que Marta estaba convencida de que jamás le diría a ninguna otra mujer que no fuera ella.

Le dijo a su hijo que el iPad estaba estropeado y corrió a encerrarse en su habitación. No podía parar de llorar. Hizo cálculos y se dio cuenta de que en aquel momento eran las 21.10 horas en Brasil (la hora de la cita) y, de repente, de manera automática, empezó a llamarle una y otra vez. Primero nadie respondía y luego le saltó directamente el buzón. Estaba con ella, lo sabía. No era capaz de describir el dolor que sentía en ese momento en su corazón. El dolor del engaño, de la decepción, de la falta de lealtad, de la humillación, de las mentiras, tantas mentiras... No podía soportarlo. Llamó sin pensarlo demasiado a su mejor amiga, que al ver cómo estaba, no dudó en meterse en el coche e ir directa a su casa. Aunque no hablaron mucho, a Marta le hizo bien tenerla a su lado esa noche en la que, por supuesto, no pudo pegar ojo.

Al día siguiente, cuando Raúl vio sus llamadas, se asustó y la llamó en seguida. Quedó estupefacto cuando ella le preguntó quién era esa tal Cristina y qué había hecho la noche anterior. Al principio mintió, pues esa es la primera reacción de cualquiera que engaña a su pareja, intentar salir por la puerta de atrás, pero al darse cuenta de que ella había leído todos los correos, al final empezó a llorar. No podía parar. Tan solo le decía que lo sentía mucho, que había intentado pararlo, pero que no era capaz. Que esa chica no significaba nada, pero que no podía cortar esa historia, que le prometía que no seguiría con ello, que era una amistad y que solamente se sobrepasó esa línea hacía dos meses, que se sentía muy mal, que no podía soportarlo, que por eso estaba tan nervioso, porque no sabía cómo pararlo. Raúl no tenía que volver a España hasta dentro de unos días, pero sin pensarlo siquiera sacó un billete para esa misma tarde. Habló con su jefe y le dijo que no estaba bien y que tenía que volver. Así lo hizo, y al día siguiente llegaba a casa con su maleta.

Marta estaba destrozada, intentando mantenerse como podía por los niños. Raúl también estaba claramente afectado. Se sentía morir cada vez que pensaba en la posibilidad de perder a su familia, lo que más quería en este mundo. Esos días hablaron mucho. Él estaba dispuesto a hacer lo que fuera necesario para recuperar lo que tenían antes. Era consciente de que podía perderla a ella, pero no le importaba cuánto tuviera que soportar o aguantar si hubiera alguna posibilidad de arreglarlo. Contestó todas sus preguntas una y otra vez, por mucho que le doliera a él admitirlo y a ella escucharlo. Ella necesitaba respuestas, por duras que fueran, y él iba a dárselas.

Decidieron que él se iría a un piso vacío que tenían sus padres, al menos de momento, hasta que ella tuviera claro qué quería hacer, hasta que viera si quería y podía perdonarlo o no. Fue en aquel momento cuando Marta vino a verme y me explicó toda esta historia. Por un lado, se daba cuenta de que le quería mucho, pero todo eso había sido un hachazo sin medida en su confianza y en el compromiso que pensaba que iban renovando e iba creciendo día a día entre los dos. Todo había perdido sentido para ella, todo se había vuelto insignificante, ridículo, postizo e irreal. Le costaba creerle cada vez que él le insistía en lo mucho que la amaba y el miedo que sentía al pensar en perderla, pero se esforzaba para darle crédito. Marta sentía en su interior un «sí pero no», un «quiero perdonarle, pero me resulta muy difícil y no sé si soy capaz».

Ahora entendía muchas cosas. Los nervios desmedidos de Raúl, el hecho de tener que tomar incluso ansiolíticos, el insomnio por la noche. Raúl se había enamorado de aquella chica o de la fantasía que ambos habían construido. La mayor parte del tiempo había sido una amistad muy especial, pero con los meses empezaron las indirectas, las insinuaciones, las provocaciones y, al final, llegaron los encuentros sexuales, la emoción de lo prohibido, la delgada línea de lo finito, de lo imposible, de lo secreto... Y así, con cada nuevo paso que daba, que le llenaba de una extraña ilusión, iba aumentando cada vez más su ansiedad, su malestar, su insatisfacción, sus ganas de ponerle fin, aunque le resultaba imposible hacerlo.

Raúl era consciente del golpe que aquello significaba para Marta. Sabía que cabía la posibilidad de no recuperarla nunca, pero tenía la esperanza de que con paciencia y mucha sinceridad ella lograra entender lo que le había pasado. Sabía que «comprensión» no era sinónimo de poder vivir con ello y dejarlo atrás, pero tenía la esperanza, al menos, de que cabía esa posibilidad.

Marta me explicaba que, en aquel momento, Raúl había retomado todo lo que había dejado de hacer desde hacía un tiempo. Ahora tenía tiempo para ellos, la familia pasaba por encima de su trabajo. Quería organizar salidas y excursiones, y pedía días libres para compartirlos juntos. Le preguntaba siempre a Marta si le apetecía esto o aquello, y Marta aceptaba, con miedo a perderle también, a no poder volver a amarlo como lo había hecho.

Marta podía comprender que él hubiera sentido ese deseo hacia otra persona y, de hecho, era consciente de que esto le puede pasar a cualquiera. Lo que era totalmente incapaz de entender era que hubiera durado años. Ella estaba convencida de que siempre hay un momento en el que podemos pararlo. Tal vez él no se había dado cuenta de ello. A veces, quizá la emoción de sentirnos deseados y notar que le gustamos a otra persona nos genera tal reacción química interior que no podemos cortarlo, nos dejamos llevar, y a la que despertamos ya es tarde, ya estamos atrapados en medio de aquel alud de emociones sin sentido ni dirección. Lo que Marta tenía que averiguar era si sería capaz de perdonarlo y seguir a su lado.

A lo largo de nuestras sesiones pude ver la dificultad que sentía a la hora de plantearse la opción de cortar definitivamente con la relación. Es cierto que el hecho de que él tuviera un trabajo que implicara tantos viajes y estar tanto tiempo fuera no les ayudaba. Ella también tenía su trabajo y, además, era quien estaba con los niños, y se sentía sola la mayor parte del tiempo. Hasta ese momento lo había ido afrontando sin hacerse demasiadas preguntas, sin cuestionárselo, con la idea de que aquello era lo mejor para todos, pero ahora esa idea ya no tenía suficiente peso. Ahora ya no estaba dispuesta a seguir con aquella situación. No confiaba en él, y si él se proponía volver a conquistarla, no cabía duda de que desde Brasil no iba a tener ninguna posibilidad de conseguirlo.

Le propuse a Marta que trabajáramos para fortalecer su autoestima. Nos íbamos a centrar en ella y, así, tal vez podría ir viendo con más claridad qué sentía después de aquel indeseable revés de la vida. También iríamos viendo cuál era su actitud y su conducta a partir de ahí. Pasaron días, semanas... Marta tenía claro que lo sucedido chocaba de frente con sus valores más importantes con respecto a la pareja. Se dio cuenta de que para ella, la fidelidad era innegociable y, por ese motivo, no podía perdonarle. A pesar de ello, seguía quedando con él. Él se esforzaba al máximo por complacerla, por demostrarle su amor y lo mucho que la quería. Cuando no pensaba en lo sucedido, ella se dejaba llevar y disfrutaba haciendo cosas juntos, estando con él. Su actual situación era simplemente perfecta, todo era como antes, y eso era lo que ella siempre había querido recuperar. Pero después, de repente, por cualquier motivo, la imagen de esa chica aparecía en su mente, se adueñaba de ella y ya no podía estar a gusto ni un segundo más. Ya no se la podía quitar de la cabeza. Sabía quién era porque tal y como acostumbra a hacer todo el mundo cuando quiere poner cara a alguien, tecleó su nombre en Google y le salió su foto, con su marido (supuestamente) y sus dos hijos. La veía incluso en sueños.

De vez en cuando seguía leyendo todos aquellos correos que había encontrado, porque se los había enviado todos a un correo personal. Sabía que no tenía que hacerlo, pero a veces no lo podía evitar. Los leía y luego lo pasaba muy mal, la acechaban todas las preguntas del mundo:

¿Por qué? ¿Por qué a mí? ¿Por qué tú? ¿Por qué a nosotros? Porque sí.

Después de darle muchas vueltas, logré que comprendiera que tenía que deshacerse de toda aquella información. Yo entendía que al haber pasado aún relativamente poco tiempo desde que lo descubriera todo, no era capaz de eliminarlo, pero le propuse que lo guardara todo en un lápiz de memoria y se lo diera a alguien para que lo conservara, o que ella misma lo escondiera en algún lugar de la casa. Esa idea puede parecer absurda, puesto que uno puede pensar que si lo esconde, puede ir al escondite y simplemente volver a cogerlo, pero no es tan simple. Es igual que cuando bloqueamos a alguien en el teléfono, también puede ser tan simple como desbloquearlo y escribirle. Es cierto que eso es una posibilidad, pero lo que ocurre es que cuando uno hace este tipo de cosas como bloquear o esconder, en el momento en que tiene síndrome de abstinencia y le entra la necesidad de volver a ver, leer o saber, se encuentra con esa dificultad inicial. Al tener que ir a desbloquear o ir a buscar en ese lugar escondido, hay un instante en el que nos preguntamos si es eso realmente lo que queremos. Nos paramos a reflexionar unos segundos. Intentamos recordar por qué llegamos al punto de tomar aquella decisión de quitarlo de en medio, de qué es lo que pasó realmente, y entonces, en la mayoría de los casos, uno lo deja ahí y no sigue adelante. Al recordar por qué lo escondimos, llegamos al punto de decir: «¡Bah! Fuera. Es cierto, no vale la pena, mejor voy a llamar a... y a ver si así me distraigo y se me pasan las ganas». Y lo cierto es que son esas pequeñas victorias las que nos acercan directamente al gran triunfo. Cada vez que superamos esos pinchazos del síndrome de abstinencia, que nos seduce para que nos martiricemos un poco más, nos sentimos tres veces mejor que antes. Y así día tras día, hasta que llega un momento en el que aquello duele, pero no de la misma manera. Ya no nos da tanto miedo el hecho de tener que dejar aquella historia atrás.

Hay quien piensa diferente, pero en mi opinión, cuando sucede algo como lo que vivió Marta con Raúl, es muy difícil que la relación pueda continuar. Eso solo sería posible si los dos tienen muy claro que la relación que tuvieron hasta ese día acabó y que la única opción que tienen ahora es empezar una relación nueva con la misma persona. Es decir, haciendo un proceso terapéutico de manera conjunta, deben trabajar para ver si son capaces de dejar de mirar atrás, de hacer un aprendizaje de todo lo que pasó y de seguir a partir de ahí. Si nos quedamos anclados en lo que fue y en lo que pasó, no podremos conseguirlo.

No obstante, también es cierto que muy pocas personas lo logran. En la gran mayoría de los casos, por mucho esfuerzo que le ponga uno, esa relación no puede continuar. Por mucho que luchen, ya no permiten que vuelva a aparecer la magia que les aportaba la confianza, la complicidad, la admiración y el compromiso entre ambos. Nos han educado así y esos son nuestros valores. Tal vez en otra sociedad en la que esto se vea normal lo podamos asimilar de otra forma. Tal vez si hemos crecido en un entorno en el que hemos visto engaños por parte del padre o la madre en repetidas ocasiones y sin consecuencias graves, nosotros también lo veamos igual. Pero está bastante claro que teniendo como referencia una familia unida y respetuosa en ese sentido, no podremos hacernos a la idea de vivir con algo así ni dejar de recordar la traición cada vez que le miremos a los ojos.

PREGUNTAS CLAVE

Si al leer lo anterior nos damos cuenta de que nuestra pareja encaja en alguna de estas situaciones, pero, no obstante, seguimos pensando que sí que hay amor, deberíamos preguntarnos lo siguiente:

Pregunta 1. Cuando mi pareja actúa así, ¿me siento querido/a? Es decir, cuando vivo esos días en los que deja de hablarme por completo, ¿me siento querida por él? ¿Me siento querida en el momento en que descubro que me oculta cosas importantes de su vida y que me afectan a mí (por ejemplo, que quede con otras mujeres)? ¿Me siento querida cuando descubro una nueva infidelidad?

....

....

....

....

....

....

....

....

....

Si la respuesta es «no», probablemente podamos tomar conciencia de que «querer a alguien» no es algo que se haga a ratos, según el día y el momento. O se quiere o no se quiere. Y si hay varios momentos importantes en los que una persona no se siente querida por su pareja, poco importa lo que el otro sienta en realidad. Lo importante es cómo me haga sentir a mí. Y si no me hace sentir querida, lo mejor es que no me autoengañe más porque si no recibo su amor, yo tampoco puedo quererle. Así de simple.

No hay que olvidar la fórmula: amar = dar + recibir (a partes iguales). Si no se cumple, sencillamente no estamos hablando de amor.

Pregunta 2. Si sigo eligiendo a esta persona que me trata así, ¿me estoy queriendo a mí mismo/a? O dicho de otro modo, si me quisiera de verdad, ¿le habría elegido a él o a ella, habría elegido a alguien así?

....

....

....

....

....

....

....

....

....

Ante cualquier situación en la que dudes de si eso es tolerable o no, hazte esta pregunta y lo verás claro en seguida. Si hago, permito, tolero, elijo esto, ¿me estoy queriendo?

2. Se acaba la relación

Tampoco creo en el hecho de sufrir por amor cuando una relación acaba porque uno de los dos lo decide. Aunque a veces nos dé la sensación de que estábamos muy bien, de que todo iba de maravilla, y pensemos que no somos capaces de entender en absoluto cómo ha podido suceder algo así, eso no acostumbra a ser del todo cierto.

Una relación no acaba de un día para otro sin que haya habido indicios de que las cosas no van bien. Si estamos juntos es porque los dos lo decidimos y porque los dos seguimos eligiéndonos cada mañana al despertar. Y nunca ha sucedido que uno esté completamente seguro de que quiere seguir al lado de su pareja y, de repente, un día se despierte y decida que ya no quiere seguir y la deje. No, el amor no funciona así. Existe todo un proceso de desgaste; nuestros sentimientos no cambian de la noche a la mañana, sino que se van transformando poco a poco. Tal vez no nos damos cuenta mientras van cambiando, pero sucede, y cuando miramos atrás y lo revisamos, lo vemos muy claro. Siempre podemos percibir cuándo están cambiando nuestros sentimientos. El problema es que en muchas ocasiones estamos demasiado ocupados con nuestro día a día y vivimos cada instante y cada momento con tan poca presencia que no vemos nada de lo que sucede a nuestro alrededor. No vemos las señales de socorro que está emitiendo nuestra pareja, no vemos los indicadores de que se está alejando, y solo estamos centrados en hacer, hacer y hacer. Sin darnos cuenta, se nos olvida vivir, sentir, escuchar, percibir. Nos desconectamos de nuestra intuición, y al no estar presentes en el ahora, cuando un día nuestra pareja nos dice que se acabó, no damos crédito y no comprendemos cómo puede haber cambiado lo que siente de un día para el otro, así sin más. No somos conscientes de que hace mucho tiempo que podríamos haberlo visto venir.

Por lo tanto, cuando uno de los dos llega a la conclusión de que quiere dejar la relación, es porque ya lleva tiempo viendo aspectos que no le gustan de su vida en común o de su pareja. Tal vez haya intentado cambiarlo, tal vez no haya hecho nada, pero la cuestión es que durante este proceso de «desencanto», decepción y alejamiento, el otro lo ha podido ver porque lo ha tenido delante. Es muy raro que la ruptura de una relación llegue sin avisar. Me atrevería a decir que prácticamente siempre avisa. Cuando uno de los dos quiere irse, desde el momento en que esa idea se asoma en su cabeza, si observamos, ya podemos ver que algo no va bien.

De todas formas, en todos estos casos, aunque creamos que no lo hemos detectado, nuestros ojos sí lo han visto y, en consecuencia, nuestros sentimientos han empezado a cambiar también respecto al otro. El amor que sentíamos va dejando de ser amor porque con el cambio de sentimientos del otro empezamos a notar carencias en la relación con respecto a lo que había sido.

También es importante que si no nos hemos dado cuenta de manera consciente de esas señales, si no hemos sido capaces de detectarlas y leerlas en los ojos del otro y en sus actos, al menos debemos saber identificarlas y ser consecuentes cuando la ruptura ya esté presente. Esto significa tener claro cuándo hay que irse y saber retirarse con dignidad en el momento en que la relación haya llegado a su fin, y también significa aprender de ello para que no vuelva a ocurrirnos y podamos detectarlo antes si nos vuelve a pasar.

Está claro que en estos casos no podríamos hablar de amor, ni tampoco sería el amor lo que nos hace sufrir, sino algo totalmente opuesto al amor, algo que cuando hay amor, no está.

El otro rompe la relación. Ya no me quiere y me deja.

Insisto en que esto no sucede de golpe, ni por sorpresa, ni de un día para otro, sino que se ve venir. A veces nos damos cuenta porque el otro está muy distante, ausente, como si tuviera la cabeza en otro lugar. Otras veces le vemos de repente pegado al móvil, sin dejarlo absolutamente en ningún momento. Tal vez dedica cada vez más tiempo a sus aficiones y a sus amigos, aunque esto implique restar tiempo a la pareja. O puede que empiece a estar cada vez más irascible, más enfadado, que le veamos cada día más infeliz y triste.

Hay muchas maneras de demostrar a la pareja que los sentimientos hacia ella han cambiado y que ahora queremos algo diferente. El problema es que cuando le expongamos que queremos cortar la relación, la otra persona se negará de entrada a aceptar la realidad. Querrá saber, comprender, y nos hará preguntas al respecto; querrá hablar del qué y el porqué, y utilizará sus más hábiles estrategias de manipulación para lograr su objetivo, que no sea una ruptura definitiva. Buscará esperanza en los sitios más recónditos de nuestro mundo interior. Si queremos irnos y lo tenemos claro, debemos ser tan transparentes y directos como nos sea posible. Sin tapujos, sin segundas intenciones, sin tener la marcha atrás como una posible opción. Debemos enfocarlo como un adiós definitivo e irrevocable. Es cierto que nadie puede decir «de esta agua no beberé», pero por el bien de la otra persona debemos ser absolutamente tajantes. Cuanto más lo seamos, más bien le haremos al otro y a nosotros mismos. En ese momento quizá parecerá lo contrario, pero garantizo que así será.

Cuando uno es muy claro desde el minuto uno, la otra persona tiene que enfrentarse a ello porque no le queda otra, porque no le dejamos alternativa. Sufrirá, caerá en el más profundo abismo emocional, pero de ahí ya no puede seguir bajando. Solo le quedará la opción de empezar a subir de nuevo y, al recuperar su autoestima, darse cuenta de que, probablemente, tampoco era tan feliz o de que puede serlo mucho más después de recuperarse de nuevo a sí mismo. De lo contrario, cuando uno no tiene el valor de ser claro y transparente, tal vez porque ni siquiera se sabe interpretar a sí mismo (hay muchas personas con dificultades a la hora de poner nombre a sus emociones, de interpretar lo que les sucede en su interior), la otra persona se autoengañará con facilidad y no querrá ver la opción de la ruptura como una de las posibilidades que está valorando su pareja.

Es cierto que no todos sabemos expresar con palabras lo que sentimos y no todos tenemos las agallas de hacerlo cuando sabemos que ello puede poner en juego la relación en la que habíamos puesto tantas expectativas. Y es esto justamente lo que da tanto juego al autoengaño. Deberíamos aprender a identificar lo que sentimos y enfrentarnos a nuestros miedos, aunque no nos guste nada lo que estos nos quieren mostrar. Seguro que si los atravesamos, al otro lado no hay nada que sea tan grave como habíamos imaginado. Siempre nos muestran una realidad mucho más dura, oscura y cruel de lo que finalmente será. En definitiva, como se puede comprobar, en este caso, tampoco sufrimos por amor, sino por desamor, porque ya no hay amor.

El siguiente caso, el de Patricia, se da con frecuencia. Ocurre siempre que la persona que se va no es suficientemente clara con el otro y no expresa con claridad (quizá por miedo) lo que siente, lo que quiere o lo que necesita. Tal vez cree que sí está siendo clara, pero en realidad no lo es.

EL CASO DE PATRICIA:

Nicolás decide dejar la relación

Patricia es una exitosa abogada que vive en Madrid desde hace muchos años. Mientras estudiaba la carrera, conoció a Nicolás en una fiesta. Estuvieron toda la noche hablando y desde el primer momento hubo una buena conexión entre ambos. Al despedirse, Nicolás le pidió quedar otro día, pero ella no tenía la cabeza para ninguna relación porque los estudios ocupaban la mayor parte de su tiempo. Aun así, él insistió y, al final, ella aceptó.

Durante los primeros meses siempre era él quien insistía. Muchas veces ella le decía que no podía quedar, y cuando se sentía mal por haberse negado demasiadas veces, aceptaba. No obstante, él no se rendía.

Nicolás había acabado la carrera de arquitectura y había empezado a trabajar hacía poco, en el mismo sitio donde había hecho las prácticas. Era feliz y se sentía realizado, pero le faltaba tener a alguien a su lado con quien compartir su vida. Y desde que conoció a Patricia tuvo claro que ella era la persona adecuada.

Así pasó un año, en el que Patricia fue cediendo poco a poco y tenía más ganas de verle. Empezaba a ser ella la que proponía encuentros y actividades y, finalmente, decidieron irse a vivir juntos. Ella era una chica muy femenina a la que le gustaba cuidar tanto su imagen como su interior, vigilando su alimentación y haciendo ejercicio. A Nicolás eso le encantaba y era algo que le atraía mucho de ella. De hecho, él era igual y hacía lo mismo.

Tras el primer año y medio de convivencia, que por cierto fue muy buena, ella empezó a tener cada vez más trabajo. Decidió crear su propio bufete porque vio que se le daba bien y ya había acumulado unos cuantos éxitos en varios juicios. Eso le había dado seguridad, y pensó que era el momento de lanzarse. Así lo hizo, y en seguida vio cómo el bufete empezaba a crecer cada vez más. Le encantaba su trabajo, era su vocación absoluta y no podía sentirse más realizada.

Lo que ocurrió es que en paralelo con el crecimiento de su empresa y el aumento de trabajo, Patricia empezó a distanciarse de Nicolás y de sí misma. Cada vez hablaban menos y cuando lo hacían, era ella la que hablaba de su trabajo, de sus casos y de sus proyectos laborales. Cuando él le explicaba algo, ni siquiera le escuchaba de verdad. Asentía, pero en realidad ella misma se daba cuenta de que no le estaba prestando atención. Se sentía mal por ello, pero no podía evitarlo, tenía demasiadas cosas en la cabeza y no lo podía parar. Él, evidentemente, se daba cuenta de ese distanciamiento emocional, pero intentaba tener paciencia. Se lo comentaba a veces a Patricia, pero a pesar de que ella le aseguraba que modificaría su manera de funcionar, nada cambiaba.

Al mismo tiempo, Patricia dejó de cuidarse como antes. Ya no iba al gimnasio (por falta de tiempo, según ella), comía mal y engordó quince kilos. Se quejaba de ello, iba de vez en cuando a hacerse masajes drenantes y empezó mil dietas, pero como seguía sin hacer ejercicio y dejaba de comer para luego comer el doble, nada le funcionaba. Su vida sexual también se fue apagando. No se sentía bien consigo misma y mermó su libido. Nicolás también notó cómo su deseo fue desapareciendo. Él era siempre el que intentaba hablarlo con ella, le mostraba señales de alarma, de atención, pero no servía de nada. Ella se sentía mal, pero no se planteaba dejar la relación; era como si estuviera segura de que él era la persona que quería a su lado y como si eso ya estuviera sentenciado y fuera permanente para siempre.

Un día, Nicolás le dijo que quería dejar la relación. Ya no la quería. Le dolía admitirlo. Si hubiera sabido cómo cambiar sus sentimientos, hubiera hecho todo lo posible por conseguirlo, pero eran los que eran y por mucho que se engañara no podía cambiarlos. A Patricia le cayó como un jarro de agua fría; no podía creérselo, pensó que era una broma o una llamada de atención. Pero Nicolás lo tenía claro.

Lo que ocurrió es que la vio tan mal que al final le planteó que necesitaba distanciarse, que se alejaran un tiempo para ver cómo se iba sintiendo. Le dijo que tal vez volverían a resurgir los sentimientos de antaño. Ella, ante esta posibilidad, pensó que no estaba todo perdido, que había posibilidades de reconducirlo. Tenía esperanzas, y con ellas se recuperó un poco. En realidad, él tenía claro que era el final, pero ella tenía la esperanza de que aquello no hubiera acabado.

Por parte de Nicolás no había otra mujer, lo cual daba a Patricia aún más motivos para pensar que no estaba todo perdido. Por otro lado, cada vez que ella le pedía que se vieran para ir a tomar algo, él le daba largas, le ponía alguna excusa y no quedaban. Cuando por fin se veían, ella tenía esperanzas de que pasara algo entre los dos, pero él se mostraba distante y poco afectuoso con ella. Los hechos le demostraban que ya no la amaba, pero no quería creerlo.

Perdió los quince kilos en seis meses y sin hacer ninguna dieta. Tenía ansiedad y no podía concentrarse en aquel trabajo que tanto le gustaba. Era como si, de golpe, lo único que le importara fuera retomar su relación con Nicolás, conseguir que aquello volviera a funcionar y ser lo que había sido. Sin embargo, no lo conseguía. Y cada vez estaba peor. Empezó a tomar ansiolíticos para dormir y para seguir enfrentándose a los juicios. Un día, en uno de ellos, le vino un ataque de ansiedad y tuvo que retirarse a medio juicio. Eso era ya demasiado y acabó pidiendo ayuda.

Patricia debía aceptar la realidad de lo que estaba sucediendo, de lo que Nicolás le decía más allá de sus palabras. En el fondo estaba siendo muy claro, pero ella, tal y como le pasa a la mayoría de la gente, hasta que no lo escuchara de su boca no quería aceptarlo.

Aprendió cuáles eran las señales que había percibido durante el año anterior a la ruptura. Esas señales que le indicaban que Nicolás no estaba bien: sus demandas de atención, sus intentos de comunicarse con ella de una manera honesta y profunda, su decepción cada vez que no lo conseguía, sus comentarios sobre el hecho de no sentirse deseado por ella y su falta de libido posterior. Aprender esto es lo que la ayudaría a evitar que volviera a pasarle con otra persona. Tuvimos que trabajar el perdón hacia sí misma por no haberlo percibido, por no haberlo visto a tiempo y no haberlo podido evitar. Y, finalmente, trabajamos la aceptación para que pudiera soltar esa historia y dejarla atrás. Así fue como dejó de llamarle y de proponerle quedar, con lo que pudo comprobar que al no hacerlo ella, él tampoco lo hacía.

Poco a poco, Patricia se fue recuperando a sí misma. El proceso de crecimiento junto con la pasión que sentía por su trabajo hicieron que saliera de aquel pozo de oscuridad en el que había quedado atrapada durante demasiado tiempo.

El otro se va, pero quiere que sigamos siendo amigos

Es también muy frecuente que suframos por habernos quedado atrapados en una espiral de lo más tóxica. Se trata de la situación habitual en la que el otro, tras haber dejado de amarnos como pareja y vernos solo como un amigo, no quiere renunciar a mantener una amistad con nosotros. Se niega a perder el contacto, a dejar de saber de nosotros, de vernos, de hablarnos, de compartir, porque somos una persona importante en su vida, pero eso sí, sin importarle lo más mínimo que eso a nosotros nos haga daño, dado que no sentimos lo mismo.

Está claro que cuando la otra persona nos dice que quiere alejarse de nosotros como pareja, que quiere seguir estando cerca, pero solo como amigos, es como si nos lanzara un meteorito que choca contra nuestras emociones y lo devasta todo. La primera reacción es siempre la misma, la negación. Es como decirnos: «No, no, no, esto no puede estar pasando, esto no puede ser cierto de ninguna manera», y seguir fingiendo que no ha ocurrido. Entonces, si vemos que el otro se aleja, porque se va a alejar, nos conformaremos con lo que nos ofrezca. Ya sea mantener una mera amistad o vernos de vez en cuando, eso será simplemente lo que habrá entre los dos. Nuestro único objetivo será no perderle del todo porque, en ese caso, sí que se perdería la esperanza y nuestro mundo se vendría abajo definitivamente. Por lo tanto, aceptaremos lo que nos dé, pero también es evidente que al poco tiempo empezaremos a quejarnos, a enfadarnos, a exigir más, puesto que con esas migajas de afecto no cubriremos nuestros mínimos para subsistir. Y todo ello contrariará al otro porque no entenderá nuestra actitud. No entenderá por qué le exigimos más si al fin y al cabo solo somos amigos. Ya nos lo había dejado claro y nosotros lo habíamos aceptado, así que no comprenderá el motivo de nuestro enfado y de nuestras exigencias.

Aceptamos la amistad porque pensamos que es preferible antes que quedarnos sin «nada», pero debemos tener en cuenta que la amistad no aparece solamente a raíz de una mera decisión, sino que se construye sobre unas bases sólidas de determinados ingredientes. Elementos que no logramos percibir en esa extraña relación con quien en otro momento fue nuestra pareja. La amistad es confianza, transparencia, bondad; es alegrarte con su alegría. Todo esto no podemos sentirlo si queremos al otro y ese otro quiere a alguien más. No podemos ni imaginarle con otra persona de la mano. La mera idea nos desgarra en lo más profundo de nuestro ser.

Imagino que no hace falta decir que en estas situaciones (más frecuentes de lo que imaginamos), el que se ve obligado a actuar como un amigo, es decir, el que quiere más que una amistad, ha dejado de amar al otro tal y como lo hacía antes; sus sentimientos, aunque no se haya dado cuenta, han cambiado por completo. Al no recibir amor, sino un profundo y enorme desinterés, en contrapunto con el gran interés que demuestra hacia su nueva vida, los sentimientos cambian de manera radical. El amor se transforma en frustración, rabia, tristeza e impotencia, y esto nos destruye automáticamente, haciendo que nuestra autoestima quede machacada al fondo del precipicio.

Cuando los sentimientos del otro han cambiado, los nuestros también acaban cambiando. Si nuestra pareja quiere que seamos solo amigos, ya no es el amor lo que nos hace sufrir, sino la profunda añoranza de lo que un día fue y de lo que habíamos soñado que siempre sería... y ya no es.

EL CASO DE MIGUEL:

no podía ser amigo de Begoña

Miguel era el hermano de una paciente que había tenido hacía tres o cuatro años. Ella había sufrido una fuerte dependencia emocional de la que le había costado mucho desengancharse, pero al final lo había conseguido. Tal y como le sucede a la mayoría de quienes viven experiencias tan demoledoras, al salir y recuperarse, se convirtió en una experta en la materia de sufrir por una relación que no funciona. Cuando se enteró de que su hermano Miguel se había separado de Begoña, no dudó en echarle una mano.

Dicen que en una relación, quien tiene el poder siempre es aquel que necesita menos al otro. Pues bien, en su caso, el poder lo tenía indiscutiblemente Begoña. Él estaba dedicado en cuerpo y alma a que ella fuera feliz. Era su único y máximo objetivo. Desde el inicio quedó hipnotizado por su belleza, y a partir de ahí para él ya no habría fin. Ella hacía lo que quería cuando quería y él siempre estaba dispuesto a todo por complacerla. Él se encargaba de tener la casa limpia y hacer la comida cada día, aparte de trabajar de enfermero. Ella también era enfermera y trabajaban en el mismo hospital.

Cuando llevaban tres años de relación, ella le dejó. Le dijo que no estaba segura de lo que sentía y que necesitaba alejarse. A las dos semanas, Miguel supo que se había ido de vacaciones con un médico del hospital. Eso le perforó el alma, pero siguió escribiéndole y preguntándole por qué. No lograba aceptar que le hubiera dejado.

Pasaron siete meses y Begoña volvió a aparecer en su vida. Al parecer, esa historia no acabó de salir como ella esperaba y decidió que ya volvía a querer a Miguel, por lo que no dudó en ponerse en contacto con él. Como cabe imaginar, Miguel no tardó ni un segundo en aceptar su propuesta de ir a cenar. Ella le explicó que le había echado mucho de menos, que siempre le había querido y que por favor la perdonara. En ese instante, Miguel se sintió el hombre más afortunado del planeta y los dos volvieron a considerarse dentro de la relación.

Si antes Miguel era complaciente, ¡imaginémonos ahora! Ella ya le había dejado una vez, por lo que no podía permitirse el lujo de que eso volviera a suceder. Tenía que esforzarse aún más, pensar más en ella, tenerla más en cuenta para que no se agobiara de nuevo, para que se diera cuenta de que nunca nadie la iba a cuidar como él.

A los pocos meses, Begoña empezó a salir con sus amigas de vez en cuando. No le explicaba nada y le exigía mucho, en su línea. Era como si tuviera dos vidas paralelas, aunque eso lo veía todo el mundo menos Miguel. Pasaron cinco años así y luego decidieron tener un hijo. Ambos tenían muchas ganas y Begoña se quedó embarazada muy rápido. Tras el nacimiento de su pequeña, todo empezó a cambiar. Begoña estaba cada vez más distante con él. Cuanto más se distanciaba ella, más se esforzaba él. Ya no tenían relaciones sexuales ni hablaban demasiado. Ella pasaba mucho tiempo fuera de casa, y entre el trabajo y sus salidas apenas se veían. Él se encargaba de trabajar, de la pequeña Inés y de la casa. Ella trabajaba y se iba.

Cuando Inés tenía tres años, Miguel vio algo extraño, que Begoña hablaba por el móvil de forma extraña, forzada. En ese punto despertó algo en su interior que le empujó a indagar más, a no dejar de buscar hasta encontrar. Vio que Inés había llamado a un hotel para reservar una habitación, así que llamó al hotel para comprobarlo; su sospecha quedó confirmada. Se esperó en la entrada del hotel y la vio entrar. Con él. De la mano. Sonriendo y feliz. Se le heló la sangre.

Volvió a su casa, hizo todo lo que tenía que hacer y esperó en el sofá hasta que ella volvió. Al principio, ella lo negó, pero al saber que él la había visto, ya no tuvo escapatoria. Le confesó que hacía solo un mes que se veían fuera del trabajo (era otro médico del hospital), que era solo sexo y que no sabía por qué no lo había parado. A pesar de sus explicaciones, él buscó más y encontró mensajes, correos electrónicos, fotos y otros tickets que demostraban que no era solo sexo. Descubrió que ella se había planteado varias veces dejarle por ese médico. Miguel sentía cómo se le escapaba su vida de entre las manos como si de agua se tratara. Vio cómo lo perdía todo en un segundo y que ella se quedaba igual.

Vio cómo ella empezaba a hacer las maletas y a decir que aquello no podía seguir así y que, de nuevo, necesitaba irse de su lado. Dijo que lo sentía mucho, que no quería que sufriera, pero que tenía que alejarse un tiempo. Por supuesto, la niña se iba con ella, aunque no iba a impedir que él la viera. Eso a él también le mató. No quería perder a su pequeña, él era quien más la cuidaba, quien más se hacía cargo de ella, ¿y ahora se la llevaba? ¿Por qué?

La hermana de Miguel y los familiares y amigos que le querían y conocían pronto tuvieron claro el porqué, y fue en el momento en que empezó a pedirle dinero. Sin niña no le era posible pedir nada, pero si ella se hacía cargo de la pequeña, sí. Y no era poco lo que necesitaba para cuidarla. Miguel sentía que se estaba aprovechando de él, pero, por otro lado, tenía miedo de que si no le daba lo que ella quería, podría quitarle a la niña. De hecho, ella le amenazaba con ese tipo de comentarios.

Miguel vino a verme porque se lo recomendó su hermana tras un nuevo intento de suicidio. Para él, su vida no tenía sentido si Begoña no estaba a su lado. Y por si esto fuera poco, se había roto la idea de familia que tan importante era para él. Tuvimos que trabajar mucho para fortalecer su autoestima, para que recuperara el amor propio, porque lo había borrado por completo. Era el último en su lista de personas queridas, ya que toda la lista se centraba de manera exclusiva en Begoña.

No fue fácil que se diera cuenta de que ella nunca le había querido. Le resultaba muy cómodo estar con él, se lo hacía todo muy fácil y, además, ella iba haciendo su vida en paralelo. Por ese motivo, y viendo que no podían volver después de lo que había pasado, ella le dijo que la separación de momento era definitiva, pero que lo mejor era que fueran amigos y se llevaran bien por la niña.

Cada día que Begoña iba a buscarla a casa de él, entraba, la vestía y se movía por allí como si nada. A él esto le destrozaba. Era como una muerte lenta. Tan solo estaba pendiente de si ella iba o no a buscar a la niña cuando le tocaba, porque si no iba ya sabía que había quedado con su nueva pareja (el médico) otra vez. En el fondo, él seguía albergando la esperanza de que la relación se podría volver a retomar y, por ello, cada vez que la realidad lo alejaba de esa idea era como un puñetazo en todo el estómago.

A Miguel le costó comprender que no podía ser su amigo, que lo único que hacía era utilizar aquella falsa amistad para autoengañarse y saber cosas de ella. Cosas que le seguían torturando cada noche y que no le dejaban avanzar en su proceso.

Le costó mucho decirle que no podía entrar más en casa, que tenía que respetarle porque eso a él le hacía daño. Además, ella parecía no entenderlo, por lo que aún complicaba más la situación. También le dijo que tendría que bloquearla en el WhatsApp, y eso aún le molestó más. Ella era de esas personas que enviaban constantemente mensajes para saber cómo estaba la niña, y eso, en una situación como la de Miguel, era del todo contraproducente, porque hacía que no pudiera dejar de pensar en ella. Estaba constantemente en su cabeza por un motivo u otro. Y por otro lado, también sufría por sus sutiles amenazas de que no le dejaría ver a la niña.

Miguel era muy vulnerable cuando vino a verme por primera vez, pero con las sesiones le fui viendo cada vez más él, cada vez más liberado, más alegre, más vital, más feliz. Seguro que era mucho más auténtico y mucho más feliz que cuando estaba dentro de la relación con Begoña. Seguro que iba a mejorar con creces su situación.

Al cabo de unos meses, incluso se dio cuenta de que no era feliz viviendo con ella. Le costó mucho cambiar sus creencias sobre el matrimonio y la familia. Las tenía tan arraigadas que no le fue fácil aceptar que no pasaba nada, que se había roto la relación porque eligió a la persona equivocada, que, además, no le quería, pero que su vida seguía adelante, que era una experiencia muy buena que le permitiría elegir mejor la siguiente vez.

Poco a poco empezó a tener a su alrededor otras mujeres interesadas en él, con lo que volvió a sentirse interesante. Entre eso, el proceso que hicimos y los buenos amigos que tenía a su alrededor, Miguel se recuperó a sí mismo, y como siempre digo, mejorando incluso la versión anterior, aquella versión de sí mismo de antes de vivir aquella experiencia.

Situación de «hoy te quiero y mañana me sobras»

Los casos de «hoy te quiero y mañana me sobras» son también muy frecuentes y se dan cuando una relación ya se ha roto, se ha acabado. Sucede cuando no la terminamos adecuadamente y quedamos atascados en un punto de enganche. Es decir, la relación en sí, a nivel profundo, ya se ha terminado, pero nosotros no acabamos de asumirlo, no lo queremos aceptar así, y vamos interiorizando las rupturas como pasos previos a la reconciliación que siempre acaba llegando. Sin darnos cuenta, empezamos a tolerar situaciones del todo ridículas y sin sentido, escenas que van implícitas en estos casos de «ni contigo ni sin ti», debido a la fuerte dependencia emocional que se ha generado entre los dos y en ambos sentidos. Las conflictivas discusiones con sus respectivas rupturas se normalizan. Uno habla de dejar la relación y se atreve a amenazar al otro con ello como quien habla del tiempo y, evidentemente, esto implica que el vínculo entre ambos esté cada vez más intoxicado. Cada vez hay más distancia a nivel emocional y la relación es cada vez más tóxica.

Se normalizan las amenazas de separación y las separaciones reales porque los dos saben que, tras unos días, uno de ellos volverá con la cabeza agachada, diciéndole al otro que no puede vivir sin él o ella, que lo que siente es tan fuerte que no lo soporta. La otra persona se sentirá superhalagada con ello; de repente será como si la sangre volviera a correr por sus venas, el corazón volviera a bombear con energía, los violines y el resto de la orquesta volvieran a tocar la alegre sinfonía y la ilusión por la vida regresara de nuevo a nuestro interior.

Aun así, es cuestión de días (si no horas) que todo vuelva a ser igual que antes. Pronto nos invade de nuevo la frustración al ver que, una vez más, no hemos podido impedir que aparezcan esas absurdas discusiones por cosas irrelevantes. Esas diferencias entre los dos que intentamos esconder como sea vuelven a aflorar a la superficie de nuestra relación. Frustración, vacío, rabia, agotamiento, desesperación. Nos acostumbramos a vivir con esas emociones porque la idea de cortarlo de verdad no entra en nuestros planes.

Los dos tenemos dependencia emocional, lo cual significa que a pesar de ser conscientes de que debemos cortar la relación porque no estamos bien, cuando uno intenta alejarse, se siente invadido por el pánico más terrible y no puede evitar volver corriendo hacia la otra persona. Y cuando es el otro quien intenta irse, vive exactamente la misma situación. Entramos en modo drama y vivimos aquella pérdida como algo tan terrible que estamos convencidos de que jamás seremos capaces de superarlo. Preferimos incluso la muerte antes que aceptar vivir sin la otra persona (esa con la que no somos nada felices, con la que estamos en constante conflicto, con la que nos hacemos daño y sufrimos día tras día).

Hay una idea clave que deberíamos tener siempre muy presente: si el amor es sano, jamás nos plantearemos dejar la relación. Si lo hacemos, es porque no es el amor que realmente estamos buscando, o bien lo era, pero se ha acabado. Cuando uno de los dos se plantea la posibilidad de alejarse del otro, acabe como acabe, aquello será una flecha directa hacia nuestro corazón, el cual se verá perforado y, por lo tanto, lo que sentíamos hasta ese momento cambiará. Dejará de ser lo que era, ya no sentiremos lo mismo, por mucho que nos empeñemos en negarlo. Ahí empezaremos a sufrir, pero no por amor, porque este ya habrá desaparecido, sino por el miedo, la frustración y el abandono. Por la soledad y el desamparo que provoca la idea de que nuestra pareja prefiera estar sin nosotros, ir con otras personas, frecuentar otros espacios... construyendo nuevos capítulos lejos de la relación en la que nos habíamos instalado.

EL CASO DE JAVIER Y LUCÍA:

relaciones intermitentes

Javier y Lucía se conocieron bailando salsa en una fiesta celebrada en un local de Barcelona. Lucía hacía ya muchos años que bailaba, mientras que Javier llevaba dos meses aprendiendo, aunque se le daba muy bien y parecía que llevara más tiempo. Él trabajaba en una empresa de exportación y era un chico muy extrovertido, sociable, divertido y con un gran sentido del humor. Ella era psicóloga, trabajaba en una empresa de recursos humanos y era una persona muy exigente consigo misma y con los demás.

Aquella noche coincidía que era el aniversario de Lucía, y tal y como acostumbra a suceder en los sitios de salsa, el *disc-jockey* puso la canción *Tu cumpleaños* de Willy Chirino. El profesor, que la conocía, la sacó a bailar, mientras el resto de la gente se colocaba en círculo alrededor de ellos dos y los chicos se preparaban para irse turnando y bailar con ella. Javier no lo había visto nunca, pero se puso en la fila de chicos. Cuando llegó su turno, intentó bailar lo mejor que pudo con ella, y para el poco tiempo que llevaba practicando, le salió muy bien. Y allí empezó todo, con aquella canción, en el día del cumpleaños de Lucía.

Después de bailar unas cuantas canciones más, ella le dijo que tenía que irse porque al día siguiente tenía que levantarse temprano, y decidieron intercambiar sus teléfonos. A los dos días quedaron para cenar, y de ahí en adelante ya no se separaron. Vivieron la etapa del enamoramiento con muchísima pasión. Sentían que habían estado buscándose toda la vida y les invadía un placer indescriptible cada vez que pensaban que habían tenido la suerte de encontrarse.

Cuando Javier vino a verme, llevaban ya casi dos años de relación. Dos años desde aquel aniversario de Lucía en el que se cruzaron sus caminos. Su motivo de consulta, explicado por él mismo, era que estaba destrozado. No sabía cómo hacer que aquella relación funcionara. Lo había probado todo; intentaba tener paciencia, vigilar más con lo que decía, hacía o pensaba, pero tenía la sensación de que para ella nunca era suficiente, que nunca acababa de ser lo que ella esperaba, lo que ella quería. Eso le desesperaba, le hundía una y otra vez, y no lograba salir de ese círculo destructivo.

Empezó a ir mal cuando después de tres meses de relación, programaron un viaje al sur de España. Lo prepararon con muchísima ilusión. Él lo reservó todo entusiasmado y ella se pidió esos días de fiesta. Sin embargo, cuatro días antes del viaje tuvieron una pelea por algo que él ni siquiera recordaba.

—¡Es que Lucía se enfada por nada! ¡Nunca logro comprender qué es lo que ha pasado después de cada pelea, no soy capaz de entenderla! Me esfuerzo, te juro que me esfuerzo, pero es que nunca hago suficiente, siempre hay algo que la disgusta. Yo la verdad es que ya no sé qué más hacer... no lo sé. Bueno, y por eso vengo, porque nos queremos mucho y no quiero que esto acabe, Silvia, ayúdame por favor.

—Javier, ¿cuántas veces habéis dejado la relación en estos dos años? —Mi pregunta en aquel momento fue muy clara.

—¡Uf! Un montón. Ni lo sé.

Y en ese momento empezó a explicarme con más detalle cómo era aquella relación.

—Cuando estamos bien, es fantástico. Es que a mí me encanta ella, estoy loco por ella. Es preciosa, inteligente, responsable... me gusta mucho como es. El otro día, después de estar separados un mes, no pude más y le mandé un mensaje, al que ella respondió en seguida. Al final me pidió que fuera a su casa y yo, como un tonto, fui de inmediato. Al verla, fue como si la viera por primera vez. Había mucha pasión, mucho deseo, hicimos el amor y nos quedamos dormidos. Yo al día siguiente no sabía muy bien qué pasaría porque veníamos de estar separados, de intentar dejarlo por decisión suya. Nos despertamos y parecía que estaba cariñosa conmigo. Desayunamos juntos y mientras acababa de tomarme el café, me preguntó qué iba a hacer ese día (recuerdo que era sábado). Le expliqué que había quedado con mi cuñado porque quería comprarse una bici nueva y me había pedido que le acompañara, y luego iríamos a comer con mis padres y mi hermana a un restaurante japonés que nos encanta. ¡Para qué se lo conté! Ya tuvimos problemas. Con lo bien que estábamos y todo se estropeó de nuevo. Se enfadó, sin más. Me dijo que me veía igual que siempre, quedando con mi familia. Empezó a decirme que yo no tenía personalidad, que seguía siendo el mismo niño de siempre, que cómo era posible que siguiera quedando con ellos, que tenía que aprender a estar solo, que tenía que madurar de una vez, y no sé cuántas cosas más...

»Aproximadamente al cabo de un año de estar con ella tuvimos una comida familiar, en la que no ocurrió nada especial, pero a partir de ahí, ella se obsesionó con la idea de que mi familia no la quería, que creían que no era buena para mí y que no la aceptaban. Eso no tiene nada que ver con la realidad (ellos aún a día de hoy no saben qué es lo que le pasa), pero la cuestión es que a partir de ese momento, cada vez que iba con ellos teníamos problemas. Al final incluso algún día le mentí porque no tenía ganas de una nueva discusión.

»En mi familia siempre hemos estado muy unidos, y sentía como si ella estuviera celosa de nuestra relación y quisiera alejarme de ellos poco a poco. Ya no los veía tanto y ellos estaban cada vez más preocupados porque no lograban entender qué era lo que tanto la había molestado. Creo que ni ella misma lo sabía.

»Pues bien, es por ese motivo por el que esa mañana, después de la reconciliación, ella se enfadó tanto. Solo con mencionarle a mi familia ya se ponía de mal humor y no había quien la hiciera reaccionar.

»Recuerdo también otro día en que fuimos a la boda de un amigo mío. Estábamos muy bien, contentos y con ganas de disfrutar de esa fiesta. A mí es que me encantan las bodas... Pues bien, estuvimos en una mesa con otros amigos y todo iba bien. Yo recuerdo que lo estaba pasando genial, que me sentía feliz porque estaba con ella, que es lo que más quiero, y con mis amigos, que son las otras personas más importantes para mí. Llegó la hora del baile y salimos a la pista. Pues bien, en cuanto me tuvo allí, empezó a decirme que se había dado cuenta de que no hacía más que mirar a la mujer de un amigo con el que compartíamos mesa. Yo no daba crédito. ¿De qué me estaba hablando? ¡Yo no estaba mirando a nadie! Estaba igual con todos... Como te puedes imaginar, ya se aguó la fiesta. Me sentí mal, y no había quien me sacara de ese estado de rabia e impotencia que me poseía cada vez que me hacía alguna cosa así... ¿Por qué tenía que estropear todos y cada uno de los momentos felices que compartíamos?

»Y eso no es lo peor. Cada vez que pasaba algo así (que era cada dos meses más o menos), ella se enfadaba muchísimo, se encerraba en sí misma y me decía que aquello no podía ser, que no funcionaba, que era mejor que lo dejáramos. A mí, cuando me decía aquello, se me caía el mundo encima. No me lo podía creer. ¿Cómo que era mejor dejarlo? Pero ¡si no había pasado nada! Y allí me quedaba, solo, sin ella, vacío, despreciado y encima sintiéndome culpable de ni siquiera sabía qué.

»Yo insistía, lo reconozco, no me daba la gana de aceptar que aquello acabara de aquel modo, de esa forma, sin más. Ese día recuerdo que estuve dándole vueltas. No sé, tal vez sí que la había mirado sin darme cuenta... a lo mejor tenía algún problema y miraba a la gente y yo no lo sabía... tal vez tenía que disculparme ante la mujer de mi amigo porque quizá se había sentido incómoda, pero también pensaba que si fuera así, me habría dicho algo, tenemos mucha confianza con ellos dos.

»Cada vez que vivía un episodio de ese tipo acababa confundido, pensando que tal vez tenía razón y yo tenía que cambiar mi manera de ser, de comportarme, de funcionar.

»Ese día decidí ir a casa de esa pareja. Los llamé y me invitaron a cenar con ellos. En cuanto me vieron, ya se imaginaron que algo había pasado con Lucía. Ya me habían visto otras veces después de que lo hubiéramos dejado, o mejor dicho, después de que ella lo hubiera dejado. Al explicarles el motivo, los dos se quedaron con la boca abierta. Sobre todo ella. Me dijo una y otra vez que me quitara de la cabeza la idea de que la había mirado demasiado, que ella se daba cuenta de esas cosas y que en ningún momento se sintió incómoda para nada, que yo fui el mismo de siempre, simpático, alegre y divertido, y que lo pasamos todos genial. Al igual que todos mis otros amigos, ambos me aconsejaron una vez más que me olvidara de esa relación. Que estaba claro que no me hacía feliz y que solo me llevaba a sufrir y a sentirme mal.

»Por un lado, me quedé tranquilo porque vi que yo no había hecho nada tan malo, que mi percepción parecía ser la correcta, puesto que coincidía con la de mis amigos. Pero, por otro lado, seguía mal. No quería perderla, la quería muchísimo y no soportaba la idea de quedarme sin ella, no lo podía soportar, no podía...

»Aquella noche me envió una foto de su gatito con ella y con el mensaje: "Te echamos mucho de menos". Sentí que mi corazón daba un salto de alegría, de esperanza, de amor... De repente, toda la felicidad del mundo se concentraba en mi interior y latía entusiasmada. Le respondí de inmediato: "Yo también, princesa, te necesito mucho". A la media hora ya estaba dentro de mi coche, atravesando los cuarenta kilómetros que separaban mi casa de la suya. Fue fantástico, fue como volver a sentir la vida corriendo por mis venas. No podía dejar de abrazarla y de darle besos. Estaba dispuesto a esforzarme más para que ella estuviera tranquila conmigo, para que se diera cuenta de que ella era lo más importante para mí, de que estaba por encima absolutamente de todo y de que si la perdía, ya nada tenía sentido y mi vida se desmoronaba por completo.

»Tal vez tenía razón y estaba demasiado pendiente de mi familia. Tenía que centrarme más en mi vida, en nosotros dos. Y tal vez sí que me despistaba alguna vez y podía molestar a alguien al ponerle demasiada atención al mirar o hablar. No podía soportar estar sin ella, por lo que esta vez íbamos a conseguirlo. Seguro, esa vez sí, esa era la de verdad.

»Fuimos a pasar el fin de semana a un pueblo de montaña que a ella le encantaba y fue espectacular. Estábamos solos con la naturaleza. Yo no me atrevía ni a mirar el móvil por no estropearlo. Estaba feliz, pero es cierto que tenía un punto de angustia producido por un miedo constante a que ocurriera algo que lo estropeara todo. Por favor, esa vez no... Tenía que ir todo bien.

»Antes de volver a casa decidimos quedarnos a cenar por allí y luego regresar. La cena fue también tranquila y placentera. Pedí la cuenta y ella aprovechó para ir al baño. Mientras me esperaba, busqué mi móvil para saber si alguien había intentado contactar conmigo y vi que tenía muchos mensajes. Me puse a mirarlos tranquilamente y ella volvió. Su cara se transformó en un segundo al verme. Ya no era ella; la Lucía dulce que había pasado conmigo el fin de semana acababa de desaparecer.

»—Ya no podías aguantar más, ¿verdad? Dos días sin el móvil es demasiado para ti, es algo que te supera. ¿Te das cuenta de que tienes un problema, Javier? Soy psicóloga y sé de qué hablo. Tienes una adicción importante. Probablemente tú no lo ves, pero deberías pensar en ello porque esto puede ir a más.

»Otras veces habíamos tenido problemas porque le molestaba que yo mirase el móvil. Ya intento tenerlo siempre en silencio para que no se moleste, e incluso a veces me da miedo mirarlo porque no quiero tener una bronca más, pero debo confesar que en ese momento no me esperaba aquello.

»—Lucía, no te pongas así, por favor. Estamos superbien, venimos de pasar un fin de semana de ensueño, solo estaba mirando si tenía algún mensaje o llamada importante porque he estado completamente desconectado estos días. No te pongas así, venga...

»—Pero, Javier, si quieres que continuemos, necesito que asumas que tienes un problema. ¿Te das cuenta de que no puedes controlarlo?

»—Pues no... No sé. Yo creo que miro el móvil igual que la mayoría de la gente. A veces lo hago por trabajo y otras, por aburrimiento, pero no es que no pueda dejar de hacerlo... no sé.

»—Javier, lo que haces no es normal. Creo que tendrías que ir a un especialista en adicciones para que te ayude a verlo y a cortar con esa necesidad. Ya te he dicho muchas veces que yo tengo un compañero que estudió conmigo y que justamente trabaja con ese tema. ¿Por qué no lo pruebas?

»Recuerdo haberme sentido muy frustrado otra vez, pero como estaba dispuesto a hacer lo que hiciera falta, le dije que aceptaba, que iría a ver a ese psicólogo. ¿Sería verdad que tenía un problema? Ya empezaba a dudarlo. Tal vez tenía razón. Era cierto que siempre salía cuando tenía claro que llevaba el móvil conmigo, pero me daba la sensación de que hoy en día eso lo hace todo el mundo... en fin.

»Pedí cita, pero no llegué a ir. Volvió a enfadarse antes de que llegara el día por una discusión que empezó porque no le gustaba un programa que yo veía en la televisión, y me dijo que si mi problema era que ella no me gustaba lo suficiente y no sé qué de sus pechos y... bueno, nada. Como siempre, un sinfín de argumentos absurdos y sin demasiado sentido. Y lo peor de la historia era que, al final, yo acababa dudando de mí, de lo que yo sentía, pensaba y hacía. Eran tantas las veces que me sentía indignado y sin saber demasiado cómo ni por qué yo le acababa pidiendo perdón a ella... Parece increíble, ¿verdad?

Javier había sufrido en una relación intermitente de las que yo llamo «relaciones agonizantes». Esas que están condenadas a morir, o mejor dicho, que ya hace tiempo que están muertas, aunque nos resistimos a aceptarlo. No nos queremos rendir cueste lo que cueste.

—Javier, ¿tú de verdad crees que quieres a Lucía?

—¡Por supuesto que la quiero, Silvia! ¿Por qué crees que aguanto todo esto si no es porque la quiero?

—Pues la verdad es que se me ocurren motivos mucho más convincentes y racionales que el amor. Dime, ¿por qué crees que la quieres tanto? ¿Qué es lo que te gusta tanto de ella que tienes tanto miedo a perder?

—Bueno, pues cuando estamos bien, es cariñosa, me hace feliz... No sé, me gusta estar con ella.

—Cuando estáis bien es... ¿qué porcentaje del tiempo, Javier?

—Bueno, últimamente no mucho, la verdad. Estamos más tiempo mal que bien.

—¿Sientes que te acepta como eres? ¿Sientes que le gustas por ser precisamente así, por ser tú tal y como eres, por ser Javier con sus cualidades y sus defectos? ¿Sientes que no necesita que cambies nada para estar con ella? Porque, sin duda, eso es lo que debemos sentir cuando estamos en una relación de pareja. Eso es justamente lo que da sentido a que elijamos a esa persona en concreto, el hecho de que nos haga sentir así. ¿Sientes que es ese tu caso, Javier? Te lo pregunto porque para aguantar lo que has aguantado tiene que ser alguien que te hace sentir muy, muy bien, aceptado, valorado y admirado. ¿Es eso lo que hay entre vosotros, Javier?

Y Javier rompió a llorar. Está claro que una persona que deja a su pareja tantas veces ni la quiere ni le gusta cómo es. Una persona que elige a alguien y luego entra en una guerra desenfrenada para lograr que cambie y se transforme en otra persona, en lo que ella quiere que sea, no ama. Eso no es amor, ni aquí ni en ninguna parte del mundo.

¿Cuántas veces había dejado Lucía a Javier? Él ya había perdido la cuenta, y siempre era lo mismo. Es como que al final incluso nos acostumbramos a vivir así. Ahora estamos juntos y soy feliz, ahora no lo estamos y me hundo en la miseria mientras vivo esperanzado en que vuelva. Y cuando vuelve, entramos en una nueva etapa hasta volver a dejarlo, y así sin parar, una y otra vez. ¿Dónde está el límite? ¿Qué tiene que pasar para que nos rindamos y digamos «hasta aquí»? No hay límite. En estos casos, este es el principal problema, que no hay límite.

Nos obsesionamos con una persona que ni nos quiere y a quien no le gustamos. Una persona que se obsesiona con hacernos cambiar y con que hagamos todo como ella quiere, como ella considera, como ella desea, sin importar que para conseguirlo tengamos que pagar el precio de perdernos a nosotros mismos.

El de Javier y Lucía es el ejemplo más claro de relación tóxica, enfermiza y destructiva. Ellos repetirán una y otra vez que siguen ahí por el gran amor que sienten, un amor tan grande que nadie más puede entender, pero solo intentan convencerse de que vale la pena aguantar lo que aguantan. Es algo irracional, y en algunos momentos de lucidez se dan cuenta de ello, pero luego vuelven al mismo punto de partida.

Eso, sin duda, no es amor, sino dependencia emocional. Y como ya dejé claro en mi primer libro *¿Amor o adicción?*, si existe dependencia emocional, la relación tiene que acabar sí o sí. Seguir allí es seguir agonizando, desgastándose cada vez más, esperando, tras una cortina de autoengaño, que llegue el final.

Javier tendría que emprender el viaje de salida, volver a la vida pasando por un proceso para fortalecer su autoestima y recuperarse a sí mismo. Había estado tan obsesionado y centrado en Lucía, pendiente de no molestarla, de no hacer nada que pudiera contrariarla, de hacer lo que ella quería, le gustaba o buscaba, que se había perdido completamente a sí mismo. Ya no recordaba ni cómo era antes de esa relación con Lucía. No lo recordaba en absoluto. No tenía ni idea de cómo se comportaba, de qué ropa le gustaba o de cuáles eran sus planes en realidad. Se sentía tan lejos de todo aquello, de sus sueños e ilusiones... Ahora todo era ella y, por lo tanto, sin ella no había nada.

Al fortalecer su autoestima, conseguiríamos que volviera a focalizarse en él, en sus sentimientos, en sus deseos y en sus cualidades. En el ser maravilloso que era antes de conocer a Lucía y que seguía siendo a pesar de todo el sufrimiento. Ese Javier feliz, alegre y espontáneo que llevaba dentro y que luchaba por salir.

No tenía ninguna duda de que lo conseguiría pronto. En la consulta siempre se ve muy rápido quién va a transformarse en poco tiempo o quién va a tener que hacer un trabajo más largo. Javier era de los que cuando vienen, es porque están dispuestos a hacer lo que haga falta para salir de allí, para dejar de sufrir. Entendía lo que yo le explicaba y se iba motivado y comprometido después de cada sesión.

Tuvo un par de recaídas más con ella, pero en realidad le fueron bien, porque ya era más consciente de lo que sucedía y pudo comprender mejor aquella situación. Al final fue él quien dijo «hasta aquí». Por primera vez conseguía poner punto y final, algo que siempre le había parecido imposible porque le daba muchísimo miedo. Por fin tenía la seguridad para cortar esa relación enfermiza y dañina que le hacía estar cada día peor. Esa vez fue él, y sentía que era la definitiva. Al menos iba a esforzarse aún más, sabiendo que ese era el buen camino, el que iba a liberarlo de aquella insoportable prisión.

Tuvo que cambiar de hábitos, moverse por otros lugares, hacer actividades distintas, incluso cambiarse de número de móvil, pero, finalmente, Javier volvió a brillar.

Javier es un ejemplo de lo que sufren muchísimas personas. Se trata de relaciones intermitentes o moribundas, esas que no viven, sino que sobreviven como pueden, pero a sabiendas de que un día u otro llegará el final. Son relaciones con las que se nos puede pasar la vida porque mientras estamos tan obsesionados con ellas, no vemos a nadie más, dejamos pasar a otras personas que podrían llegar a ser muy importantes, pero no las vemos, estamos cerrados, prisioneros.

Siempre que nos identifiquemos con este caso, no debemos dudarlo más: solo hay un camino para dejar de sufrir: cortar la relación.

Me deja por otra persona y mi vida se desmorona

Antes hablábamos de cuando nuestra pareja nos dice que nos deja porque ya no nos quiere y se va. Esto es un golpe durísimo para nuestra autoestima. Pero ¿y los casos en que un día nos dice que se va, pero, además, resulta que se va con otra persona? Esto no es un golpe directo a nuestra autoestima, sino su completa destrucción. En un milisegundo, esta queda hecha trizas.

Por si tener que aceptar este cambio con abandono incluido fuera poco, imaginemos que, además, tenemos que lidiar con la idea de que esto sucede porque nuestra pareja ha encontrado a alguien que le gusta más que nosotros. En ese caso ocurrirán un montón de cosas en nuestro interior. De entrada, inevitablemente, uno siempre conecta con una fuerte obsesión por saber cómo es esa persona, qué aspecto físico tiene, qué hace, con quién se junta, qué tipo de vida lleva, cuánto cobra, etcétera. Conectamos con una necesidad imposible de controlar, orientada a saber si esa otra persona es más lista, más guapa o más inteligente. Y en cuanto empezamos a reunir datos al respecto, reaccionamos de dos maneras posibles: o bien la ponemos a ella siempre por encima, con lo que nuestra autoestima se ve completamente machacada, o bien la ponemos por debajo y la empezamos a criticar y menospreciar, aunque en el fondo esto, en muchos casos, no sea más que la consecuencia de una profunda envidia.

Y es que, en el fondo, solemos tenerlo claro: si la prefiere a ella antes que a mí, es que ella es mejor que yo. Es difícil que dejemos de verlo así, por lo menos en un primer momento, pero sin duda también es posible cambiar ese enfoque y ver la situación desde una nueva perspectiva mucho más sana y real. Si a esta indeseable situación le añadimos que existen hijos en común, ya podemos imaginar el suplicio que puede llegar a ser. Además de ocuparnos de saber todo y más de esa otra persona, nuestra preocupación se centrará en asegurarnos de que no se lleve a nuestros hijos con él o ella; no queremos de ninguna manera que lleve a los niños con «ese» o «esa». Por lo tanto, nuestro amor no tardará en quedar lejos de lo que había sido un tiempo atrás.

Soy muy consciente de que es una situación muy complicada, pero la velocidad a la que nos recuperemos dependerá exclusivamente del contacto que tengamos con la expareja. Tener conocidos que nos expliquen día y noche lo que el otro hace y deshace, entrar en las redes sociales para ver quién es esa otra persona, criticarla constantemente, juzgándola y opinando sobre lo que hagan uno u otro, encontrar mal todo lo que haga y cómo lo haga son situaciones que lo único que harán es alargar aún más nuestra vacía condena. Cuanto menos de todo, mucho mejor. Cuanto menos sepamos, menos hablemos y menos veamos sobre ellos, mucho mejor. Intentemos organizarlo todo al máximo para no tener que hablar por cuestiones logísticas de los niños, y si lo puede hacer alguien más por nosotros, también mucho mejor.

No cabe duda de que el sufrimiento que experimentamos en una situación como esta no lo genera el amor, ni muchísimo menos. Está claro que cuando llegamos a este punto, aunque puede haber quien se aferre aún a la relación o a la posibilidad de recuperar a la pareja como si su vida estuviera en juego, cuando conectamos con nuestra dignidad, tenemos claro que no hay marcha atrás y que nosotros ya tampoco le queremos.

EL CASO DE ELENA:

de repente él me deja

La vida de Elena se vino abajo un 14 de febrero. Fue el mismo día de los enamorados cuando encontró a Enrique encerrado en el baño chateando con otra mujer y ya no pudo más. Habían sido once meses de calvario para ella, en los que le había visto todo el día con el móvil en la mano, escribiéndose con Dios sabe quién, enviando un corazón a alguien y buscando excusas estúpidas para justificarse. Y lo peor de todo no era eso, sino que encima le hacía sentir que era ella la paranoica que estaba obsesionada con que él le era infiel con otra mujer.

Elena llegó a creer que era ella la que tenía un problema en vez de él. Llegó a pensar que realmente se estaba volviendo loca. Hasta aquel fatídico, o afortunado, según se mire, 14 de febrero. Las tres niñas dormían aún, era domingo, y la noche anterior habían estado celebrando el cumpleaños de su primo. Enrique llevaba un buen rato en el baño y Elena empezó a ponerse nerviosa. Al cabo de un rato oyó el agua de la ducha y quiso probar suerte. Él había dejado la puerta abierta y vio el móvil allí encima de la pica. Sin pensarlo, lo cogió y salió de nuevo del baño. Se encerró en su vestidor y con el corazón palpitando tan fuerte que casi se le salía del pecho, intentó desbloquearlo. No pudo, él había cambiado la contraseña.

De repente él salió de la ducha y la vio con el móvil en la mano. Se puso como un loco, y ahí ella ya no pudo más. Se puso a llorar desconsoladamente, no podía aguantar más aquello, le suplicó que le explicara qué estaba pasando, no podía más.

Hacía meses que no tenían relaciones sexuales y él se mostraba siempre enfadado cuando estaba con ella. Casi no se hacía cargo de las niñas. Solo le preocupaba (por no decir obsesionaba) el *kitesurf*, su nueva afición. En más de una ocasión había llegado a dejarla literalmente tirada en un restaurante con las tres niñas porque en su aplicación de móvil de repente ponía que el viento había cambiado y era favorable para practicar *kitesurf*. Tenía todos los complementos y las últimas novedades para practicarlo y quedaba un par de veces a la semana con sus amigos para hablar de dónde irían el siguiente sábado si el viento lo permitía. Entre semana se iba por la mañana y volvía bastante tarde, casi a la hora de cenar. Por las tardes no trabajaba, pero se pasaba casi todos los días en el gimnasio. Elena se hacía cargo de las tres niñas, las llevaba al cole, iba a buscarlas y las llevaba de vuelta a casa. Él apenas la ayudaba.

Finalmente, aquel 14 de febrero, viendo a Elena destrozada, le dijo que quería separarse. Que no sabía lo que le pasaba, que no estaba bien consigo mismo y que necesitaba espacio. ¿Espacio? Elena no podía creer lo que estaba escuchando. Si algo le sobraba era espacio. No hacía nada con ellas, no participaba en nada, no se hacía cargo de nada... ¿y necesitaba espacio?

Elena le preguntó si había otra mujer, y él le prometió una y otra vez que no. Que no sabía por qué le había pasado eso, qué quizá ya se le pasaría y volvería a sentir lo de antes, que no lograba comprenderlo. Le explicó también que hacía tres meses que iba a un psicólogo y que este le hizo ver que tal vez era mejor que se alejara de ella porque la estaba haciendo sufrir demasiado con su actitud distante.

El mundo de Elena se derrumbó. Tenían tres hijas de dos, cuatro y cinco años. ¿Qué iba a pasar a partir de ese momento? ¿Hacia dónde se dirigirían sus vidas de allí en adelante? Se sintió colapsada y abrumada por un alud descomunal de emociones mezcladas y estalló a llorar.

La reacción inicial de Elena es la que acostumbran a tener todas las personas que viven algo así. En las semanas posteriores a ese episodio desencadenante experimentan, literalmente, un proceso de duelo con todas sus fases. Primero la negación; es como si aquello no pudiera ser cierto. Por un lado, Elena intentó sobreponerse y hacerse la fuerte para reconquistarle. En un mes adelgazó siete kilos, y no paraba, se encargaba de todo con mucha más energía que nunca. Estaba destrozada por dentro, pero fingía no estarlo. Él decidió dormir en el sofá hasta que tuviera un sitio al que ir, y al cabo de unas semanas, le dio la noticia. Se iba a casa de un amigo que también se había separado. Prefería estar allí para así no hacérselo más difícil.

Al ver que se iba, Elena volvió a venirse abajo. Tenerle allí en casa, aunque no durmieran juntos, le daba esperanzas de que quizá se lo pensaría mejor y se daría cuenta de que no podía estar mejor que con ella. En ese momento se vio obligada a entrar en la segunda fase del duelo: la rabia. ¿Por qué quería irse? ¿Por qué no se daba cuenta de que ella se lo daba todo? Ella se lo ponía todo fácil, sin duda.

Entonces empezó a hacerle reflexiones del tipo: «¿No te das cuenta de que si te vas, no vivirás como ahora? ¿Dónde vas a vivir, con un amigo? ¿Compartiendo piso como un veinteañero? Que tienes tres hijas, ¿no lo recuerdas? ¿Cómo lo harás a partir de ahora cuando las tengas tú y debas hacerte cargo de ellas cuando te toquen? Bueno, y esto si te las dejo ver, claro». Cuando Elena le decía todo eso, a él le entraba miedo, se sentía más confundido y volvía a tener dudas otra vez. ¿Y si se equivocaba? ¿Y si lo que le ocurría era algo pasajero y una vez se alejara de ella, ya no podría volver nunca más? ¿Y si se arrepentía y al retroceder, ella ya estaba con otro? ¿Y si no podía con todo? ¿Qué iba a hacer si las cosas no le iban bien?

A pesar de todas las dudas que le acechaban, Enrique sentía el impulso de seguir su camino. Necesitaba liberarse de aquella vida que le ahogaba. Y se fue. Y Elena se quedó aún más destrozada, como no hubiera imaginado hasta ese momento. Y ahí entró en la siguiente fase: la tristeza. No concebía enfrentarse a la vida sin él. La familia que habían construido, lo que ella siempre había soñado tener se derrumbó en el mismo momento en que oyó la puerta de su casa cerrarse tras él. Su armario vacío le provocaba un dolor en el pecho que no podía describir. Las noches se hacían interminables, el silencio de la habitación era insoportable, las mañanas sin él la entristecían. Y las niñas, ¿cómo comportarse delante de las niñas? ¿Cómo hacerlo para no llorar, para no venirse abajo cada vez que las miraba y pensaba en él, cada vez que una de ellas le preguntaba por él? De momento quedaron que las iría a ver un ratito cada tarde. Él las recogería del colegio (siempre que no soplara el viento, claro, pues lo primero era lo primero), las llevaría a casa y se quedaría un par de horitas con ellas.

Fue justo en aquel punto de la historia cuando Elena vino a verme. Estaba destrozada. Vino porque no sabía cómo podía recuperarle, cómo «hacerle ver que aún la quería, que era con ella y con las niñas con quien debía estar». La escuché atentamente. Me preguntaba cómo era posible que un día estuvieran planeando un viaje en crucero los cinco y que a los dos meses quisiera irse de casa porque no era feliz. No entendía por qué ya no quería estar a su lado si aún la quería.

—¿Cómo sabes que te quiere, Elena?

—Porque me lo dice cada día cuando viene a casa a ver a las niñas. Me repite una y otra vez que no hay otra y que sobre todo no olvide que me quiere. Que necesita hacer esto porque no está bien, que me ayudará en todo lo que pueda, pero que por favor no me olvide de que él me quiere muchísimo.

Ya podéis imaginar lo que le dije a continuación:

—¿Te quiere? Tápate los oídos y mira. ¿Qué ves? ¿Dónde está él ahora? ¿Dónde ha decidido vivir? ¿Con quién? ¿Crees que si alguien te quiere tanto preferirá estar sin ti antes que estar contigo? Tú, cuando quieres a una pareja, ¿prefieres vivir sin él? ¿Prefieres no verle, no abrazarle cada noche y cada mañana? Elena, cuando alguien se aleja de tu lado, es porque ya no te quiere. Aunque sé que duele muchísimo enfrentarse a esta idea, debes hacerlo lo antes posible.

No podemos obligar a nadie a que nos ame, y no tiene por qué haber motivos para que dejen de amarnos, ni podemos evitarlo.

En el amor nunca jamás hay garantías. Como es algo que no depende de nosotros solo nos queda aceptarlo; sí que debemos poner de nuestra parte si hay amor por ambos lados, ya que se trata de dar y recibir, pero cuando ya no nos aman, entonces solo hay un camino, aceptar. Esta es la última fase del duelo, la aceptación. Es lo que teníamos que conseguir con Elena, que aceptara que la relación se había acabado probablemente para siempre.

Es cierto que cuando vivimos un golpe de este tipo, cuando un cambio así hace que nuestra vida entera tiemble desde los propios cimientos, necesitamos tiempo para ir digiriendo lo sucedido. Parece un tópico, pero el tiempo es la clave, junto con dar los pasos adecuados. Yo iba a ayudarla a dar esos pasos, para que el tiempo pudiera acompañarla en su camino hacia la recuperación.

Para empezar, debía haber contacto cero. Sí, lo sé, es cierto que con tres hijas pequeñas no podemos tener contacto cero, por mucho que lo deseemos, pero sí que teníamos que acercarnos lo máximo posible al contacto cero. No podía ser que él fuera cada tarde a la casa en la que estaba ella y estuviera allí jugando con las niñas. No podía ser que tuviera que verle cada tarde. Tendría que decirle que a ella no le iba bien verle cada día y pedirle que se las llevara a su casa, o a casa de sus padres, y así de paso vería a los abuelos.

Le costó, porque, para Elena, el hecho de no verle ni tenerle allí era dejar de controlarlo, era como perderle un poquito más, pero en el fondo de su corazón sabía que por mucho que le costara aceptarlo, iba asumiendo que ya le había perdido. Había una parte de esperanza que se negaba a desaparecer, pero ya casi no podía ni encontrarla.

Al final, lo consiguió. Él no lo entendía, no veía por qué no podía ir a su casa, ni qué daño podía hacerle eso a ella, pero al final aceptó, y Elena se dio cuenta de que estaba mucho más tranquila de aquel modo. Aun así, él las devolvía a casa a la hora de cenar y algunos días se quedaba en el coche y otros se bajaba e iba a hablar con Elena para comentar cosas sobre las niñas. La mayoría de las veces eran cosas absurdas para las que no hacía falta que se vieran. Elena optó por no salir a recibirlas. Les abría la puerta y, si le veía a él, se hacía la estresada, por la cena o por lo que fuera, y se despedía de él con alguna excusa.

Aunque ella iba mejorando claramente, después vino el siguiente paso. La gente hablaba, siempre lo hace. Le explicaban cosas: que le habían visto con aquella o con la otra, en aquel bar o en el otro, etcétera. Cada vez que se enteraba de algo así, Elena volvía a desmoronarse. Se llenaba de nuevo de una mezcla de rabia y tristeza a la vez. Por un lado, no quería creerlo y, por el otro, lo creía. El hecho de haberle visto tantos mensajes en el pasado podría significar que había alguien más. Al fin y al cabo, no veía por qué extrañarse. En el fondo lo sabía ya, aunque él le juraba y perjuraba que no, que no había nadie más, y ella prefería creerle porque le hacía menos daño.

También tenía que tener contacto cero en ese sentido. Siempre insisto en que «contacto cero» es no pensar en la otra persona. Por lo tanto, todo lo que la llevara a pensar en él tenía que cortarlo, hacerlo desaparecer. Tenía que dejar de escuchar a la gente, decirles claramente que dejaran de explicarle nada más sobre él. En general, siempre son las mismas personas las que nos «ponen al día», las que nos vienen a explicar los cotilleos que saben que nos van a hacer daño. Lo hacen porque, según ellas, creen que queremos saberlo, pero en el fondo no lo pueden evitar. Y nos hacen daño, claro que nos hacen daño, pero no les importa. Y uno intenta hacer como si nada para mantener la dignidad como buenamente puede, y luego, al doblar la primera esquina, estalla en llanto y pierde por completo el control.

Y así Elena se caía y se volvía a levantar. Entre emociones encontradas, dolor y alivio, entre noticias, cotilleos y evidencias. Hasta que un día, los padres de Elena fueron a cenar a un restaurante japonés muy conocido de Barcelona. Celebraban su trigésimo quinto aniversario de boda, con un menú degustación muy especial. Al salir, se cruzaron con Enrique, que iba agarrado de la cintura con otra mujer, besándose y expresando su amor abiertamente. Cuando miró al frente y los vio, se quedó blanco como un fantasma. No podía creer que los tuviera delante. Ellos tampoco, pero le saludaron cortésmente, aunque sin sonreír, y siguieron su marcha. Sin duda, aquel encuentro fue la gota que colmó el vaso. Que sus padres vieran lo que vieron ya no dejaba lugar a ninguna duda, autoengaño o atisbo de negación que pudiera quedar en la mente de Elena. A partir de ahí ya no quedaba espacio para nada más que para la verdad más cruda y real.

Si bien aquello le fue bien, Elena no pudo evitar hacer lo que hacen la mayoría de quienes están en esa situación: buscar a esa persona en Facebook y en las redes sociales. La identificó, y durante unos días no pudo evitar entrar a mirar cada media hora. Miraba el perfil de ella y, luego, el de él. Él había eliminado a Elena de sus amigos, pero ella seguía entrando y aunque no podía ver casi nada, eso la calmaba (o eso creía, ya que en verdad le producía aún más ansiedad).

En cuanto me lo explicó, fui absolutamente contundente con esto porque sé el daño que provoca y cómo reduce la velocidad del proceso de mejora. Le expliqué de forma muy clara que tenía que bloquearle a él y a ella de inmediato. Que ya sabía que si un día quería deshacerlo, podría hacerlo, pero que de momento no podía ser. Le costó un par de semanas, pero al final también lo consiguió, y ahí ya nos acercábamos al final del proceso.

En realidad, aunque siempre lo veamos disfrazado de un golpe injusto del destino, es una inmensa suerte que nos suceda algo así. Elena tuvo la fortuna de que sus padres tuvieran aquel encuentro inesperado. Aunque duela, no hay nada mejor que eso para acabar de salir de ese túnel largo y tortuoso que es el duelo. Cuando la realidad te aplasta de esa forma, ya no te queda más salida que la que tienes delante, la aceptación. O lo aceptas o te hundes, y Elena no podía permitirse el lujo de hundirse. Tenía tres hijas, y bastante tenían ellas con aceptar y hacer frente a todos aquellos cambios como para perder también a su madre. En ellas encontró la fuerza que le faltaba y decidió que, en ese mismo instante, ponía un punto y final a aquella historia.

Me explicó que ya estaba cansada de lamentos y súplicas. Que ya estaba cansada de ir como un alma en pena por los rincones de su casa y que ya no volvería a autocompadecerse. Al fin y al cabo, su marido había dejado de quererla, nada más. Tenía salud, sus hijas estaban bien, podía contar con sus padres, tenía amigas y un buen trabajo, y le esperaban nuevas oportunidades de ahí en adelante.

Se le hacía cuesta arriba la idea de «volver a empezar», de conocer a otro chico en algún momento, pero prefería no darle más vueltas y dejarse llevar. Le expliqué lo importante que era conocer gente nueva, otras personas que estuvieran en su misma situación, sin pareja, con hijos y con sus mismas ganas de seguir adelante, para poder compartir su tiempo libre y sentir que hablaban el mismo idioma.

Se apuntó a clases colectivas de CrossFit en un gimnasio y empezó a quedar con otras chicas que también se habían separado. Poco a poco su vida se fue amoldando a aquella nueva situación. Sus padres la ayudaban en todo lo que estaba en su mano y ella evitaba pensar en él, en la otra mujer y en la nueva vida que tenían juntos, enamorados... que seguramente era mejor que la que tenía con ella antes. Evitaba martirizarse con ese tipo de pensamientos dañinos. Ahora ya entendía que su autoestima como esposa y como mujer había quedado destruida con aquel revés de la vida, pero que no podía depender de que otra persona la quisiera o la eligiera para tener la autoestima en condiciones. Comprendió que eso solo podía depender de ella misma y que así lograría estar siempre protegida, a pesar de lo que le sucediera en la vida.

Finalmente, Elena se dio cuenta de que era feliz. Sus hijas la amaban y le daban más amor del que jamás hubiera imaginado, y cuanto más tiempo pasaba, más veía que no echaba en absoluto de menos a Enrique y que, en realidad, su vida seguía siendo igual porque todo lo hacía ella. Tomó conciencia de lo poco o casi nada que aportaba él realmente a su familia más allá de la simple imagen familiar, que encajaba con lo que ella había soñado siempre que tendría, lo que ella había tenido en su casa mientras crecía, lo que había diseñado en su cabeza. A menudo, lo que nos cuesta más aceptar es que se haya roto aquella imagen idealizada que hemos construido en nuestra mente desde pequeños, esa imagen de lo que «debe ser». Aceptar que ya nunca podremos vivir esa experiencia de familia feliz con los padres y los hijos todos juntos. Con frecuencia, eso nos cuesta más que el simple hecho de aceptar que ya no tenemos a aquella persona que nos aportaba tan poco a nuestro lado.

Cuando vamos madurando emocionalmente y asumimos que en el amor no hay garantías y que es absurdo seguir aferrados a esos cuentos de príncipes y princesas de los que aprendimos, cuando crecemos y nos rendimos a la realidad, somos más fuertes y más capaces de atravesar los reveses inesperados de la vida.

Elena fue muy fuerte. Su situación no era fácil y aun así pidió ayuda, confió en mí, agarró mi mano y, siguiendo todos los pasos que yo le iba marcando, logró avanzar hasta salir de aquel pozo oscuro en el que la encontré.

Hay muchísimas Elenas (hombres y mujeres) que cada día tienen que hacer frente a estas situaciones tan duras. Creemos que amamos a alguien, que nuestra vida se fundamenta en unos cimientos sólidos y, de repente, en un abrir y cerrar de ojos, tenemos que aceptar que todo se ha derrumbado. Sin duda no es nada fácil, pero puedo asegurar que todos, sin excepción, podemos salir de estas situaciones y que, al final, nos damos cuenta de que tras ese cambio al que nos hemos visto obligados a enfrentarnos, nuestra vida es sorprendentemente mejor que antes del mismo.

En conclusión, cuando tu pareja te dice que quiere dejar la relación, jamás deberías arrastrarte, humillarte, pedirle que no lo haga, rogarle que no se vaya, hacerle chantaje emocional, amenazarla, ponerte como objetivo que no se quede con ella o él, ni estar dispuesto a lo que haga falta para reconquistarle. Debemos pedir ayuda para dejar de mirar en esa dirección.

B. Casos en los que nunca ha habido amor de verdad

1. Me enamoro de alguien que ya tiene pareja

Antes de entrar en este punto, creo que es importante dejar claro que si dos personas se enamoran y una de ellas tiene pareja, si pasan las semanas y como máximo en los cuatro o cinco meses siguientes no ha dejado su relación, es que no llegó a sentir lo suficiente en ese enamoramiento o no fue lo suficientemente importante o significativo para él o ella. Por supuesto, no se llega a amar de verdad, ya que, en este caso, uno sería incapaz de optar por seguir siendo infeliz pudiendo vivir lo que la vida le ha puesto delante. Lo pone en una balanza y si no considera esta nueva relación lo suficientemente importante como para hacer un cambio, sigue con la que ya tiene. En cambio si lo que sentimos es realmente fuerte, el cambio lo realizamos como sea, por muy difícil que nos lo pongan la vida y las circunstancias. No podemos evitar hacer lo que haga falta para conseguir estar juntos.

Si esto no sucede, por mucha palabrería y promesas vacías que haya, es que esa persona no siente suficiente.

Está claro que no elegimos de quién nos enamoramos, y no hay nada que nos proteja de ello. El día menos pensado podemos conocer a alguien y sentir una fuerte atracción y una gran sintonía entre los dos que haga que ambos estemos muy cómodos y que se despierte un profundo deseo en nuestro interior. Si nos sucede esto teniendo pareja, tendremos que plantearnos cuál es el siguiente paso que queremos dar. Si seguimos adelante, podemos cargarnos todo lo que hemos construido con nuestra pareja, y quizá cuando queramos pararlo, ya no estemos a tiempo y el huracán de las fantasías y el deseo se nos lleve por delante. Si, por el contrario, no tenemos pareja, podemos dejarnos llevar y vivirlo, si es eso lo que queremos. Pero ¿qué ocurre si resulta que después descubrimos que es la otra persona la que tiene pareja? Pues ocurre que tenemos que plantearnos si realmente queremos entrar en ese terreno que puede llegar a ser muy espinoso y destructivo o no.

He visto muchísimos casos de este tipo en la consulta, y todo aquel que queda atrapado ahí sufre mucho más de lo que *a priori* nadie podría imaginar. También, como siempre, lo llamaremos «amor», pero está claro que no podemos sentir amor (tal y como lo entendemos en una relación de pareja) hacia una persona que ya está compartiendo su vida e intimidad con otra. Soy consciente de que esta idea puede resultar un tanto compleja y que habrá quien asegurará que sí puede amarse a otro aunque tenga pareja, pero la realidad acostumbra a ser la opuesta, ya que por el hecho de tener pareja, el otro no nos puede dar todo lo que seguramente nosotros (que no tenemos a nadie más) deseamos recibir. Podemos enamorarnos muy fuerte, sentir afecto o mucho cariño después de un tiempo de relación, pero el problema es que no se trata del mismo tipo de amor. Aquí hablamos del amor de pareja, ese amor que te hace sentir que quieres compartir, vivir y construir tu vida al lado de la otra persona. Para que esto ocurra y sea algo sano y positivo para nosotros, este sentimiento debe ser correspondido, y es importante que sintamos que nuestros contenedores emocionales están llenos a su lado. En estos casos lo llamamos «amor», pero no acostumbra a pasar del enamoramiento y lo confundimos con este.

Cuando la mayoría de los adultos desean conocer a otras personas para ir más allá de una simple amistad, acostumbran a tener uno de estos objetivos: o bien puramente sexual, o bien en aras de tener una relación de pareja. En el primer caso buscan a alguien con quien poder quedar de vez en cuando y satisfacer sus necesidades sexuales, sin tener que pagar por ello, o sin tener que ir a buscar a alguien diferente cada vez. En el segundo caso, el más habitual, desean volver a estar en una relación, compartir su día a día, poder hablar por la noche mientras cenan, ir a dormir juntos, planificar viajes y escapadas, o comentar problemas e inquietudes. Lo importante es que cada uno tenga muy claro a qué grupo pertenece, ya que si pertenecemos al segundo y buscamos a alguien para tener una relación de pareja seria y estable, y elegimos a alguien que solo quiere satisfacer sus necesidades sexuales fuera de su matrimonio, es evidente que no miraremos en la misma dirección y esto traerá consecuencias siempre negativas. Pero también puede suceder que esa persona no sea clara desde el principio con respecto a lo que busca o espera de nuestra relación. Quizá deje la puerta abierta al «puede» o al «tal vez», lo cual puede llegar a ser demoledor. Puede llegar a engancharnos y esclavizarnos hasta que enfermemos. En este caso, nos habremos equivocado, a no ser que la persona de la que nos hemos enamorado se separe en pocas semanas de su pareja para empezar la relación con nosotros. De ser así, sí es posible que aparezca el amor. Sin embargo, si sigue al lado de su pareja y va alargando una doble relación, con una doble vida, a menos que esto sea nuestro ideal y nuestro sueño, la situación no nos hará demasiado felices. Todo lo contrario. La experiencia nos demuestra que, por lo general, esta situación no se lleva bien. Que a la mayoría de quienes se enamoran no les gusta ser «la otra» o «la amante»(o «el otro» y «el amante») y se pasan la mayoría del tiempo pidiendo ser más. Está claro que puede haber a quien eso le guste, una persona que no quiera implicarse emocionalmente y no quiera control, ni dar explicaciones, ni complicarse la vida, y desee mantener su vida personal intacta, compartiendo de vez en cuando espacios con esa otra persona que ya tiene pareja y a quien también le interesa esa relación. No obstante, como decía, esto sucede en un porcentaje ínfimo de las veces.

¿Qué es lo que acostumbra a ocurrir? Puede suceder que la otra persona te diga que va a dejar a su pareja o bien que no va a dejarla.

La otra persona te dice que va a dejar a su pareja

Estos casos son sumamente graves y destructivos porque nos hacemos ilusiones con razón. Si él tiene pareja y se enamora de mí perdidamente, a lo mejor yo al inicio me resisto un poco, pero ante una declaración de amor tan intensa, al final no puedo resistirme y acabo por dejarme llevar. Y me enamoro de él también sin medida. Él me dice que tenga paciencia, que no está bien con su mujer, pero que tiene que hacerlo bien hecho, ya sea por los niños, porque ahora su pareja no tiene trabajo, porque está enferma, o por lo que sea; la cuestión es que nunca es un buen momento. Una intenta tener paciencia, comprenderle, y aún le gusta más al ver que es buena persona y que no quiere hacer daño. Pero lo comprende hasta que llega un punto en el que se cansa. Siempre dice que va a dejar a su pareja, pero resulta que han pasado dos años y sigue ahí. ¿Qué está ocurriendo?

Y de nuevo llegan las excusas: «Venga, va, aguanta un poco más, es que ahora no le puedo hacer esto», «Es que lo pasará muy mal», «Es que tengo miedo de que haga una tontería», «Es que es mejor esperar a que los niños sean mayores», «Te prometo que mañana se lo digo». Todo esto son indicadores de que la cosa va a alargarse mucho más de lo que teníamos previsto. Y es una clara muestra de que lo que el otro siente no es lo que dice sentir.

El problema es que si desde un inicio decidimos tener paciencia y «darle tiempo», la situación acostumbra a eternizarse. ¿Qué significa «tiempo»? ¿Significa un mes, un año o cinco años tal vez? El tiempo pasa muy deprisa y, sin darnos cuenta, un buen día nos pondremos a pensar en lo que hemos hecho y veremos que la respuesta es siempre la misma, esperar al otro. Y la espera no llena, sino todo lo contrario. Al principio la llenamos de sueños, ilusiones, proyectos y películas, y nos alimentamos de todo eso. Pero ese alimento tarde o temprano empezará a escasear, a saber a poco, ya que siempre es lo mismo: un gran proyecto en nuestra imaginación y un gran vacío en el plano de la realidad. A excepción de ciertos momentos puntuales que compartimos juntos, siempre a escondidas, la mayor parte del tiempo estamos sin él.

Debemos tener mucho cuidado en estos casos porque, sin darnos cuenta, se nos puede pasar media vida esperando. Para la otra persona se puede eternizar porque así ya está «bien», dado que no tiene que hacer daño a su mujer y, además, tiene a esta nueva «amante»(porque, al final, es eso) para mantener viva la llama del fuego y la pasión. La «amante», por no taparse los oídos y mirar, prefiere creer lo que él le dice, prefiere pensar que dejará a su pareja y que podrán estar juntos y vivir de verdad la vida que tan bien han diseñado en sueños. Pero por mucho que se esfuerce, la realidad empieza a hacerse cada vez más pesada. Y llega un punto en que esa realidad la aplasta y el cuerpo empieza a sentirse mal. Empieza a sufrir ansiedad e insomnio, empieza a tener dolencias, y aunque no entienda por qué, está claro que surge a raíz de obligarnos a aguantar una situación que no nos gusta, que no queremos y que no nos hace sentir bien. Estamos yendo en contra de nuestros sentimientos, de nuestros valores, y aquello cada vez nos gusta menos.

Tápate los oídos y mira. Olvídate de lo que te dice. ¿Qué ves? ¿Qué has visto durante todo este tiempo? ¿Dónde está él ahora? Pues eso, que con su conducta te ha estado diciendo siempre qué era lo que quería. Y no te cuentes historias de «es que es muy buena persona» o «él también lo está pasando mal». Nada. Da igual si es por su bondad, por sus miedos o por su cobardía. Eso no importa ya lo más mínimo. Si alguien quiere estar contigo, lo estará.

Llegado este punto, tienes que preguntarte qué es lo que quieres realmente. Debes ser sincero contigo mismo y darte cuenta de si eso ya te va bien o no. Si quieres algo diferente, debes alejarte de esta persona, asumir que no ha podido ser y no echar la vista atrás. Si piensas que ya te está bien y que prefieres tenerle así, a cuentagotas, entonces perfecto, pero no te quejes más, ni le reclames más, ni le escuches más cuando te diga que ya falta poco. Haz oídos sordos porque lo más probable es que esto no suceda nunca.

Lo más triste de estar enganchados a alguien así es que nos hace perder la oportunidad de tener una relación que nos llene de verdad. Creemos que estamos ahí porque queremos a esa persona, y tenemos miedo de no volver a sentir algo así por nadie o que nadie nos haga sentir lo que sentimos ahora, pero eso es todo mentira. Para empezar, no amamos a alguien que no nos hace sentir lo suficientemente importantes como para querer estar con nosotros de verdad. No podemos amar a alguien que nos esconde, pero no nos quiere soltar.

Llega un momento, justo cuando empezamos a sentirnos incómodos porque nos damos cuenta de que aquello está durando demasiado, en el que el amor que creíamos sentir empieza a diluirse y va adoptando otra forma completamente diferente: se convierte en dependencia emocional. No lo sabemos, pero desde ese punto ya ha dejado de ser amor; lo que pasa es que al no saberlo, seguimos aguantando aquello en nombre del amor. Pero no, no lo es. Eso es un martirio, es desesperante, es destructivo. Pero es lo que hay. Lo único que hay. ¿Qué decidimos?

La realidad es que en este tipo de relaciones pasamos del enamoramiento a la nada. Nos enamoramos de la idealización que hacemos del otro. Una idealización mental, creada y forjada en nuestra propia mente, que rara vez encaja con lo que es el otro en realidad. Y como se trata de casos en los que no podemos ir a más, está claro que el amor tampoco llegará. Ese dar y recibir a partes iguales no tendrá lugar, porque no estamos en una misma situación de libertad que nos permita vivir la relación de la manera que los dos decidamos. Estamos en puntos muy diferentes y muy distantes, pero a pesar de ello, es curioso como todo aquel que vive algo así y al que preguntemos por qué lo sigue aguantando a pesar de sufrir tanto nos dirá que es por amor, «porque le quiero», «porque nos queremos»... En fin, que no. Que no es cierto. Espero que a estas alturas del libro ya quede claro por qué eso no es amor sano, amor del bueno, del de verdad. No lo es, sin duda. Y si sufrimos, no será por amor, sino precisamente por falta de amor, porque no existe el amor necesario para que el otro salga de donde está y nos priorice, para que se enfrente a sus miedos y a su cobardía, nos ponga en primera fila y podamos acompañarnos mutuamente por el siguiente trozo de nuestra vida.

No nos engañemos. Quien nos quiere, quien nos ama de verdad, removerá cielo y tierra para estar a nuestro lado y evitar perdernos. El que no nos ama es que no siente amor, por mucho que diga lo contrario. Aquí también deberíamos utilizar mi método de «tápate los oídos y ¡mira!». Olvídate de todas las palabras que dice y que ha dicho, y céntrate solamente en observar dónde está. Dónde está ahora, donde está normalmente, con quién pasa la mayor parte del tiempo, con quién duerme, etcétera. Es importante que nos hagamos estas preguntas para poder despertar y dejar de autoengañarnos.

La otra persona te dice que no va a dejar a su pareja

Es cierto que son muchos los que ya desde un primer momento le dejan claro a la otra persona que aquello es una aventura y que para nada se han planteado cortar su estabilidad familiar. Tienen pareja y puede que también hijos, y sienten que aquello funciona y que están bien. Está claro que bien no están y que hay carencias por parte de ambos miembros de la pareja, pero puede que uno de los dos no lo vea y que el otro lo normalice y busque su punto de morbo en otra parte.

Desde el primer momento, estas personas exponen cuál es la situación: tienen pareja y no piensan dejarla, a pesar de que tampoco quieren dejar pasar la oportunidad de conocernos un poco más a nosotros. Es decir, quieren tener una relación paralela. Así que lo mejor es que no nos hagamos ilusiones porque no va a ser un cuento de príncipes y princesas. Si eso nos va bien, genial, pero si no, deberíamos salir de allí pitando.

Son claros y dejan las cosas claras, pero ¿qué sucede? Pues que al principio uno se dice a sí mismo: «Sí, ya me va bien que no sea nada serio, así no tengo compromisos y puedo seguir con mi vida», pero no es tan sencillo. Si la historia dura dos meses, es probable que no haya problema, pero a veces esas historias pueden durar años. Y si se alarga tanto en el tiempo, lo que sucede es que «el roce hace el cariño» y uno se va enamorando poco a poco. Si, además, el otro te transmite mensajes en los que percibes que hay sentimientos (aunque en realidad no sea así), te confundirás en seguida y te enamorarás hasta lo más profundo. Y ahí te adentrarás en un túnel oscuro y lleno de falsas creencias. Te irás convenciendo de que el otro está empezando a sentir y de que con el tiempo seguro que acabará deseando estar contigo. Te vas sintiendo especial, único para la otra persona... Sentirás que vais compartiendo cada vez más momentos y que tienes más ganas del otro; se irá haciendo más evidente esa cierta dosis de complicidad entre ambos; notarás cómo os vais sintiendo cada vez más especiales el uno para el otro y empezará a doler el hecho de que, por un lado, a uno le parece recibir cosas que le encantan, pero, por otro lado, es como si de repente hubiera un recurrente despertar cada vez que el otro se va a su casa y uno se ve de nuevo solo. Y llega el momento de darse de bruces contra la realidad. Y así cada vez, una tras otra. Y nos cansamos. Y queremos acabarlo, pero pensamos: «Venga, va, una más». Y cuando intentamos ser fuertes, es el otro quien nos persigue porque le va muy bien tenernos cerca, somos un pasatiempo interesante que le saca temporalmente de su rutina habitual, le da vida. Sin embargo, a la otra persona se la quita. Y uno va pidiendo cada vez un poquito más, pero sin éxito y sin obtener absolutamente nada diferente a lo de la última vez. Y se sufre cada vez más.

Pero ¿ese sufrimiento es realmente «por amor»? ¿Creéis que eso es amor? La respuesta, de nuevo, es un gran «NO». No puede serlo porque, al estar la otra persona en una relación que, además, no tiene intención de cortar, no recibimos esos mínimos que necesitamos para que el amor pueda nacer. A pesar de que en momentos determinados nos parezca que sí lo recibimos, no es así. Si así fuera, nos sentiríamos felices y satisfechos con la relación que tenemos, y está claro que esos sentimientos no tienen nada que ver con lo que estamos viviendo. ¿Cómo lo sabemos? Porque siempre ha vuelto con su pareja. Una vez más, hemos recibido un mensaje no verbal que expresa a gritos lo que sucede en realidad. Él no quería nada serio y ha sido muy claro siempre. Sí, sí, aunque en algún momento haya parecido que transmitía otro mensaje, siempre ha sido claro a pesar de que hayamos preferido creer otra cosa.

EL CASO DE ENRIQUE:

estoy enamorado, pero ella tiene pareja

Hace unos meses nos invitaron a Walter Riso y a mí a dar una charla sobre la felicidad en una librería de Barcelona. Partiendo de la psicología positiva y de los estudios realizados por Martin Seligman, estuvimos hablando un poco de qué es y qué no es la felicidad, de si existe o no, y de cómo lograr un mayor bienestar en la relación de pareja.

Aunque el tema no era exactamente sobre dependencia emocional y relaciones tóxicas, como la mayoría de quienes me siguen por las redes sociales saben que ese es mi tema principal (y, por supuesto, también el de Walter, que es mi maestro y lleva muchos más años que yo en la materia), muchos de los asistentes estaban interesados en ello. Lo vimos claramente al llegar al turno de preguntas y ver que todas iban en esa dirección: ¿Una persona con dependencia emocional puede que se enganche a otras cosas con mayor facilidad? ¿Cómo fortalecer nuestra autoestima para evitar generar dependencia con una pareja?, etcétera.

Fue francamente interesante, porque, aparte del contenido, Walter sacó toda su genialidad e hizo que los asistentes no dejaran de reírse durante toda la charla, mientras que yo, que tengo menos gracia que un palo seco, le ponía la parte seria. (Confieso que me encantaría ser un poco más graciosa o divertida, pero por mucho monólogo que mi pareja me ponga cada noche antes de ir a dormir, no se me pega nada ni por casualidad).

La cuestión es que al acabar el acto, se formó una cola de gente para que les firmáramos nuestros libros y me sorprendí cuando le tocó el turno a la última persona. Era Enrique, un futuro paciente que empezaría terapia conmigo dos semanas después.

Llevaba tres ejemplares de cada uno de mis libros y quería que se los firmara todos. Me explicó en broma que había comprado tantos porque así yo estaría más tiempo firmando y aprovecharía para hacerme más preguntas.

En realidad, su duda era una: «Estoy enamorado de una mujer. Ella está casada. Llevamos juntos un tiempo. Ella quería separarse, pero ahora me dice que quiere intentar estar bien con su marido por sus hijos. Me dice que no está bien y yo quiero ayudarla, pero no sé cómo. Ayúdame, Silvia, por favor. Yo ahora ya tengo claro que no podemos estar juntos, pero quiero ayudarla. ¿Cómo lo hago?».

Enrique llevaba dos años de relación con ella. Ocupaba el lugar del amante, y al hacer las sesiones, supe que ella había intentado cortar la relación con él en más de una ocasión. Enrique me decía: «Cuando estábamos juntos, estábamos muy bien. Sexualmente es increíble y tenemos muchas cosas en común. Es la mujer de mi vida, lo sé. No puedo quitármela de la cabeza. Quiero ayudarla a estar bien, es lo único que deseo, que ella esté bien».

Se veían en casa de Enrique algunas tardes, cuando ella tenía fiesta en el trabajo. Si él tenía que ir a trabajar, pedía días de vacaciones por adelantado o hacía lo que hiciera falta, pero siempre estaba disponible para ella. Tenerla cerca era lo que más deseaba y no le importaba quedarse sin días libres si los que tenía los había podido pasar a su lado.

Cuando llevaban cuatro meses de relación, a ella le entró mucho miedo y quiso dejarlo. Enrique se quedó destrozado. No podía dormir, ni comer, ni trabajar. Su reacción desmedida, teniendo en cuenta el poco tiempo que llevaban juntos (a pesar de que estuvieran en plena fase de enamoramiento), ya indicaba que tenía una forma de entender el amor poco realista y que con muchas probabilidades acabaría sufriendo en cualquier relación.

Después de aquella ruptura, como él no podía asumir que había terminado, siguió insistiendo, enviando mensajes y súplicas hasta que ella aceptó verle de nuevo. Y ahí volvieron a empezar. Ella estaba bien con él, le apetecía verle, pero Enrique siempre le notaba un punto de intranquilidad y ansiedad. Ella se sentía culpable por engañar de nuevo a su marido, sentía que le estaba fallando, pero por otro lado no podía cortar esa relación con Enrique. Para ella, esa relación era la novedad del enamoramiento, la excitación de lo prohibido, lo temporal, lo pasajero, y él lo vivía y se entregaba como si fuera el gran amor de su vida. Él veía un futuro con ella y ella, simplemente, no veía futuro alguno con él.

Poco después de celebrar un año de relación, volvió a dejarle. No podía seguir con aquella situación. Sin embargo, él tampoco lo aceptó. Ella le decía que por favor la respetara, que no siguiera insistiendo más porque al hacerlo, se lo ponía aún más difícil de lo que ya era para ella. Él, está claro, dijo que sí a todo, pero sabiendo que le costaría mucho aceptarlo. No era la primera ruptura y siempre acababan volviendo. Y así fue. A partir de ahí hubo más recaídas, idas y venidas, ilusiones por parte de él, que siempre creía que aquella vez era la definitiva y que dejaría al marido, y luego ella volvía a retirarse y él tocaba de nuevo fondo, y vuelta a empezar. La última vez, ella fue clara con él y le dijo que no quería dejar a su marido, con lo que Enrique, ya muy desgastado, le ofreció ayudarla en lo que pudiera.

Me explicaba que cuando la veía, ella estaba muy mal, que no podía dejarla de aquella manera porque ella le necesitaba. Y por todo esto quiso venir a verme. Había leído todos mis libros y tenía claro que ella sufría una fuerte dependencia emocional con su marido y por eso no le dejaba y lo estaba pasando tan mal. Al margen del diagnóstico que Enrique hubiera hecho de la situación que ella vivía, desde mi perspectiva, teniendo en cuenta que yo solo conocía su versión, era él quien de manera muy clara e inequívoca tenía dependencia hacia ella.

Lo que vivía Enrique, aunque él no lo supiera, era un caso muy habitual. Lo primero que teníamos que hacer era que él tomara conciencia de la situación que estaba viviendo, que lograra ver esa relación lejos de la idealización y el autoengaño al que él mismo se había sometido sin darse cuenta. Para ello, era importante ayudarle a «bajar del escenario» y verse a sí mismo desde el patio de butacas. Solo así comprendería de verdad lo que estaba ocurriendo.

Se trata de la típica situación que cuando la vive un amigo, todos tenemos muy claro lo que tiene que hacer, lo que debe cambiar o modificar, pero cuando somos nosotros los que estamos metidos en la historia, la cosa cambia. Cuando uno está implicado emocionalmente, es ese grado de implicación el que no nos deja avanzar, ni retroceder, ni cortar, ni modificar nada. Sentimos miedo, culpa, pena o una profunda tristeza que nos mantiene anclados a esa relación, por muy enfermiza que podamos verla desde fuera.

Cada vez que Enrique me decía que ella le quería, que estaba confundida, que le necesitaba, yo le respondía:

—Ya, pero ¿dónde está ella ahora?

Él intentaba justificarse, dar vueltas al tema y rehuir mi pregunta, pero entonces yo le cortaba sin dudarlo, de raíz, sus ingeniosos argumentos repletos de autoengaño:

—No, no, Enrique, todo esto no me interesa. Contéstame por favor, ¿dónde está ella ahora?

—En su casa —me respondía al final, cuando ya no le quedaban argumentos.

—En su casa. Muy bien. Y dime, Enrique, ¿con quién está?

—Bueno, no sé. —Aquí él volvía a intentarlo de nuevo—. Está allí porque se siente mal, pero no se da cuenta de que....

—Enrique —le cortaba de nuevo—, no me interesa para nada de lo que ella se dé o no se dé cuenta. Para nada. Respóndeme, por favor, ¿con quién está?

Y aquí sí que ya logré que se rindiera completamente. Empezó a llorar de forma desconsolada mientras gritaba:

—¡Con él! Está con él, ¿de acuerdo? ¡Está con él! Está con él y yo estoy aquí, solo, esperándola una vez más, sin ella, sin ella como casi siempre, sin ella... como un imbécil, esperándola...

—Enrique, si pudieras ver tu historia con ella como si de una película se tratara, si pudieras verla proyectada en la pantalla de un cine, sin voz, sin argumentos, sin nada más que las imágenes, ¿qué verías? Si no hubieras escuchado nada de lo que ella te ha dicho y solo pudieras ver lo que ha sucedido y esta fuera la historia de otra persona, ¿pensarías que ella le quiere?

Enrique empezó a llorar de nuevo. Yo sabía que por fin lo había conseguido, había logrado conectar con la realidad. Había logrado bajar del escenario y ver lo que había sucedido más allá de lo que a él le hubiera gustado que ocurriera en aquella historia. Más allá de lo que él se había esforzado en creer. En su mente, la historia era diferente, era una historia de amor verdadero, profundo, justificado y bien argumentado, pero esa ficción no coincidía para nada con la realidad que él había vivido al lado de aquella mujer.

—¿Este es tu famoso «tápate los oídos y mira», ¿verdad? —me preguntó él. Como buen lector de mis libros, la teoría la llevaba bien aprendida.

—¡Sí, Enrique, así es! Recuérdalo porque siempre que algo te haga sentir mal puedes utilizarlo, y te ayudará mucho a comprender qué es lo que sucede realmente, más allá de las películas que tu mente educada en Disney World se esfuerce en inventar. —Y fue en ese punto cuando llegó mi pregunta más importante—: Enrique, viendo lo que estás viendo ahora, ¿sientes que ella te ha querido de verdad?

Tardó bastante en responder. Yo sabía que esa era la pregunta más difícil y dolorosa de todas. Era muy duro asumir que ella no le había querido, y según lo que me respondiera, sabría si realmente había comprendido aquella lección. Le dejé tiempo. Quedamos los dos en silencio durante unos instantes en los que podía ver claramente, a través de sus ojos, todo el dolor que sentía en su mente y en su corazón.

—No, creo que no, aunque me cuesta sentirlo. Si lo pienso, desde la razón y con todo lo que hemos hablado, veo y entiendo que no, que esto no es amor. Sin embargo, hay una parte en mí que se resiste a aceptar que todo ha sido mentira. Es como que no puedo creer que no haya sido cierto. Es demasiado grande, demasiado doloroso, demasiado profundo. Imagino que necesito tiempo y distancia, como tú siempre dices, pero ahora me cuesta mucho.

Su respuesta era simplemente perfecta. Había hecho un trabajo excepcional. Era justo lo que yo esperaba que dijera. Cuando uno llega a ese punto, la transformación ya ha empezado y el proceso no se detendrá. Puede ir más o menos rápido, puede que haya alguna otra recaída, puede tomar alguna decisión con la que parezca que retrocede, pero cuando uno llega a ese punto, ya no hay marcha atrás. La situación es la que es, es la que él ya se ha dado cuenta de que es, y lo único que sucederá es que los hechos le acabarán confirmando que así es. Que ella no le quiere y que siempre acaba volviendo con su marido, que no quiere estar con él. Porque, al final, quien quiere estar con alguien, lo está y punto, ¿no creéis?

No cabe duda de que si de verdad se ama, no se puede elegir nada que no sea estar lo más cerca posible de la persona amada. Aunque uno quisiera, no lo podría evitar. Y al final, da igual lo que sienta o no realmente la otra persona. Si vuelve al lado de su pareja, es que es ahí donde quiere estar. Da igual si vuelve allí porque tiene dependencia emocional, porque no puede cortar ese vínculo o porque le aterran los cambios. Da igual. Lo único que importa al final es lo que está sucediendo en la relación. Se trata de darse cuenta de dónde está uno y dónde está el otro en cada momento.

En el caso de Enrique, ella nunca le prometió que dejaría a su marido para quedarse con él, aunque tuvieran aquella relación paralela en la que para él todo era fantástico. Enrique se inventó otra historia paralela de futuro y fantaseó con ella, se ilusionó y se la acabó creyendo. Por eso no tenía límite y lo aguantaba todo, con el único objetivo de estar ahí cuando, por fin, su sueño se hiciera realidad.

La historia de Enrique es sin ninguna duda muy frecuente. Hay muchísimos hombres y mujeres completamente enamorados de personas con pareja. En su caso, ella nunca le prometió nada, pero ya hemos visto que tanto si se promete como si no, si no hay hechos, no hay nada.

2. Tenemos una relación de amantes, pero nunca va a más

Estos serían los casos en que tenemos una relación esporádica (es decir, nos vemos de vez en cuando, vamos quedando, tenemos relaciones sexuales), pero a pesar de que uno de los dos quiere ir avanzando y dando pasitos, el otro no. Los dos somos libres, no estamos en ninguna otra relación, pero lo importante es si lo que queremos y esperamos del otro coincide realmente. Si no buscamos lo mismo, pero seguimos allí, sabemos lo que pasará, ¿verdad? Exacto, acabaremos sufriendo. Esta situación es parecida a la de mantener una relación con alguien que está casado, pero la diferencia es que en este caso no lo está, el otro es tan libre como nosotros.

He visto también bastantes casos así y son situaciones duras, ya que uno queda atrapado esperando a ver si el otro decide ir más allá o no. Es, como cabe imaginar, una pérdida de tiempo y de dignidad total. Al no ser una relación seria sino encuentros esporádicos en los que nos vamos viendo de vez en cuando, a no ser que eso ya nos vaya bien, si nos vamos implicando más con el otro, nos vamos conociendo, vamos hablando de más cosas, vamos compartiendo actividades, etcétera, lo más probable es que la parte emocional esté cada vez más abierta a sentir y, por ello, empecemos a experimentar nuevos sentimientos que nos empujen a ir más allá. Pero ¿qué ocurre si queremos ir más allá, pero el otro no lo desea de la misma manera? ¿Qué ocurre si el otro, en lugar de seguirnos, nos frena? Eso significa que no desea lo mismo que nosotros, que no tiene ni las ganas ni la necesidad de avanzar en esa relación, que ya le va bien de la manera que lo tenemos establecido.

Son situaciones en las que a menudo el otro nos dice que así está bien, que quiere que sigamos viéndonos así, que no quiere perder la amistad que hay entre los dos, que no hay necesidad de forzarlo ni de estropearlo. Pero claro, aquí está sucediendo algo un poco peligroso. Si yo siento que quiero más, no puedo conformarme con menos, ya que estaré yendo en contra de mis sentimientos. Pero si el otro me dice que él está bien así, que no quiere más, que eso es justo lo que desea, este será un golpe frontal contra mi autoestima porque sentiré que no soy suficiente para él y por ese motivo no quiere nada más. Lo que ocurre con frecuencia es que entonces uno decide aceptar aquello tal y como el otro lo quiere; nos conformamos con menos de lo que deseamos, sin darnos cuenta de que cuando hay sentimientos de por medio, las cosas no son tan sencillas. O lo vemos los dos igual, o no tiene demasiado sentido que sigamos allí, fingiendo que aquello nos gusta y es suficiente para nosotros. No es así.

El otro nos dice que no quiere más de lo que tenemos. ¿Significa eso que no le gustamos lo suficiente como para hacer que nuestra relación siga creciendo? ¿Significa que no quiere renunciar a su libertad y que quiere seguir conociendo también a otras personas con quienes tener relaciones parecidas a la nuestra? Así es. Está claro que leer esto en sus actos y sus palabras nos provocará mucho sufrimiento al principio, porque seguramente habíamos idealizado aquella situación y en nuestra pantalla mental teníamos clara cuál sería la película que iba a proyectarse con esa persona. Habíamos fantaseado con la idea de que sería la relación que deseábamos. Pero nos habíamos equivocado de persona, y esa soñada relación nunca podrá ser.

Como en el caso que comentábamos antes, el de la relación con alguien casado o con pareja, también corremos el riesgo de decirle al otro que estamos de acuerdo en seguir así, que ya nos va bien, porque lo que verdaderamente nos aterra es no verle más y también porque, en el fondo, seguimos creyendo que si nos vamos viendo, al final de ahí surgirá algo más y se enamorará de verdad de nosotros. Pero, en realidad, esto no suele ocurrir nunca.

Lo que deberíamos preguntarnos es: «¿Esto que tenemos es realmente lo que yo quiero? Sé qué es lo que quiere el otro, y hasta ahora me he adaptado y lo he aceptado, pero ¿a mí también me va bien? ¿Seguro?». Si no es así, no hay más camino que el que ya os podéis imaginar y no vale la pena esperar cambios ni esperar nada. Sin duda, vamos a sufrir, y no precisamente por amor. Si lo que queremos es estar bien y seguir buscando lo que de verdad deseamos, debemos dirigirnos hacia la salida.

EL CASO DE MIRIAM:

David no quiere nada serio

El caso de Miriam es uno de los que suceden más a menudo y nos demuestran claramente que no hay amor, a pesar de que pueda costarnos muchísimo aceptarlo, verlo de una manera clara, enfrentándonos a ello.

Miriam vino a verme para que la ayudara. Había leído mi libro, *¿Amor o adicción?*, y se sentía identificada con muchas de las cosas que allí expongo. Aunque había muchos aspectos que la llevaban a pensar que aquello que estaba viviendo no era sano para ella, no podía pararlo. Siempre había una voz en el fondo de su cabeza que le decía: «Si esperas un poco más, tal vez...». Y eso era justo lo que la estaba torturando y lo que hacía que siguiera atada a algo absurdo y ridículo, que no tenía nada que ver con lo que ella buscaba.

Conoció a David en una discoteca y pasaron juntos esa noche. Después intercambiaron sus teléfonos y ella esperó que fuera él quien diera el primer paso o la primera muestra de interés. Hasta ahí bien. El problema fue que tras ese primer paso, que él dio a los cinco o seis días, ella ya se lanzó a la relación a una velocidad demasiado elevada. Tampoco es que le estuviera agobiando día y noche; de hecho, se mostraba mucho más tranquila de lo que realmente estaba. Lo que ocurría era que todas sus ganas y su urgencia iban por dentro.

Habían empezado como si solamente buscaran sexo y, de hecho, él solo la llamaba y le proponía ir a cenar y quedar después. No había más planes que ese en su repertorio. Bueno sí, a veces incluso pasaba de la cena y le proponía verse directamente en su casa. Ella se decía a sí misma que ya le parecía bien, pero en el fondo esperaba más. Estaba siempre atenta por si percibía algún detalle, alguna muestra de sentimiento y aunque, seguramente, no los había, en alguna ocasión incluso creía verlo.

Cuando acudió a la consulta, llevaban con esa relación un año y medio. Después de unos seis meses, ella se atrevió a plantearle si aquello iba a alguna parte o si para él solo era eso. Cuando ella le planteaba esta pregunta o se mostraba inquieta porque no tenía suficiente, él intentaba esforzarse, ser más cariñoso y hacer alguna otra actividad como ir al cine. Le decía que estuviera tranquila, que de esa forma estaban muy bien y que todo llegaría. Pero, en el fondo, todo seguía igual. A los pocos días, sus mensajes y llamadas se iban reduciendo hasta que desaparecían. Y cuando quería, le proponía quedar de nuevo. En su casa.

Miriam veía que eso era todo, que no había más. Pero como luego él le decía que no se agobiara, que se lo tomara con tranquilidad, pensaba que tal vez ella corría demasiado y que quizá sí que estaban bien así. En todo caso, estaba bien él. No cabe duda de que ella no lo estaba porque aquella relación no era lo que ella quería ni esperaba.

Al final, ella estaba cada vez peor y sus carencias en esa «relación» eran tantas que no cubrían ni los mínimos más mínimos. Empezó a encontrarse mal y a obsesionarse. Si se enteraba de que él había salido por la noche, pensaba que tal vez tenía alguna otra igual que ella, lo cual la hacía sentir aún peor. Sus salidas le generaban ataques de celos y discusiones. Él, al ver esas reacciones en ella, aún se apartaba más. Precisamente no se implicaba más con ella porque no quería que se mezclara la parte emocional en su relación. Simplemente no quería nada más de lo que tenían, pero siempre dejaba la puerta abierta con sus «no hay prisa», «ya se verá», «disfrutemos del momento», «si así estamos muy bien, para qué estropearlo», etcétera. Esos mensajes son los que la engancharon a ella y los que enganchan a cualquiera que busque otra cosa pero que, no obstante, se quede ahí.

El de Miriam fue un proceso sencillo. Ella sufría mucho con esa situación, pero en seguida comprendió que había estado autoengañándose (tal y como hacemos tantas veces) con la idea de que algún día su deseo se materializaría. Y al hacerlo, no se daba cuenta de que lo que tenía delante no podía llevarla de ninguna manera a ese destino con el que tanto soñaba.

Cuando tomó conciencia de lo lejos que estaba esa relación de la que ella verdaderamente quería, cuando se dio cuenta de que no tenían nada que ver y de que no era posible que una relación llevara a la otra, fue cuando decidió soltarla. Se rindió. Y al rendirse, se liberó de aquella pesada cadena que la esta destrozando, que hacía que le salieran las peores versiones de sí misma y acabara comportándose de maneras que jamás habría imaginado. Al rendirse, dejó de elegirle a él y se eligió a sí misma. Ella era la persona más importante en ese momento, a la que debía recuperar y amar de verdad. A ella y a aquellos que, de la misma manera, la amaran de manera real, honesta y profunda.

3. Encadenamos relaciones, una tras otra, por miedo a la soledad

Otra situación que es sumamente frecuente y forma parte de este segundo apartado sobre los casos en que «nunca ha habido amor» es la de quienes parece que coleccionan fracasos amorosos. Se trata de personas con una autoestima bajísima que tienen tantísimo miedo a la soledad y a no encontrar a nadie con quien tener la relación que sueñan que se quedan con la primera persona que se cruza en su camino y les hace un poco de caso.

Cuando una persona se fija en ellas y les presta atención, ellas se vuelven absolutamente sumisas y complacientes. Lo permitirán todo, lo aceptarán todo, aunque sea a cambio de prácticamente nada. Se conformarán con las migajas afectivas que el otro les dé, hasta que este decida dejarlas. Al ser tan sumisas y complacientes, la otra persona en seguida pierde el interés y no tarda en poner fin a la relación o en buscar a otra más con quien pasarlo bien. En ese caso, la persona abandonada se hunde en la miseria más profunda y suele interpretar unos dramas exagerados, quejándose de la vida y de su mala suerte (como si esa fuera la causa), y metiendo a todos los hombres o mujeres en el mismo saco con frases como «es que todos son iguales», «es que todos los malos me vienen a mí», «¿por qué tengo tan mala suerte?», «¿qué he hecho yo para merecer esto?».

Sin embargo, está claro que aquí no intervienen ni el karma ni la mala suerte. Está clarísimo por qué nos ocurre esto. Porque no elegimos bien a la otra persona, o mejor dicho, porque en la mayoría de los casos ni siquiera elegimos nosotros. Nos quedamos con lo que nos viene, sea lo que sea, sea como sea, nos da igual. «Aún gracias que ha venido alguien y se ha fijado en mí», pensamos.

Aquí el principal problema es que al no responsabilizarnos de ello, al no darnos cuenta de que somos nosotros los que estamos haciendo algo mal, al no ser conscientes de que no puede ser una mera coincidencia que otra vez me haya acabado pasando lo mismo, al no ver todo eso, no aprendemos nada y, en consecuencia, no podemos cambiar aquello que hacemos mal. Y si no lo cambiamos, ya imaginamos qué es lo que pasará, ¿verdad? Sí, así es, volveremos a repetir lo mismo una y otra vez. Como tenemos tanto miedo a quedarnos solos y tras cada nueva ruptura tenemos que vernos de nuevo las caras con la soledad, lo que sucede es que vamos encadenando relaciones, una tras otra, forjadas con el mismo molde, exactamente igual.

¿Sufrimos por amor? Por supuesto que no. Lo que ocurre es que se trata de personas tan desesperadas que pasan del cero a cien, y a la semana de estar en la relación ya se irían a vivir juntos y ya hablarían de boda y de tener hijos. Actúan como si fueran niños pequeños que no tienen la madurez como para ver lo que tienen delante y razonar lo que están diciendo. Están convencidas de que eso es amor y de que sienten algo tan profundo que no pueden ni describirlo. Y puede que haga una semana que conocen al otro, por lo que es algo totalmente absurdo e imposible. Publican su amor en las redes sociales y lo proclaman a los cuatro vientos; sin embargo, esos mensajes no tardarán en transformarse en frases despechadas, vacías y tristes. Estas personas están convencidas de que sufren por amor, pero está claro que allí el amor no ha recibido ni siquiera las semillas necesarias para que los primeros brotes asomen la cabeza.

Aunque a menudo lo crean, no se trata, como podéis imaginar, de una cuestión de «mala suerte», y el hecho de que *atraigan* una y otra vez a los mismos perfiles es porque algo hacen *para atraerlos.* A veces se trata de nuestra manera de comportarnos o de intentar seducir, otras es por nuestra manera de vestir o por nuestra apertura a nivel sexual desde el primer día de conocernos. En función de cómo sea nuestra conducta a todos estos niveles se fijarán en nosotros un tipo de personas u otro. Un hombre que busca una mujer elegante e inteligente probablemente no elegirá como pareja a una mujer que vista extremadamente sexy, que vaya enseñando la mayor parte de sus pechos o a la que se lleve a la cama tras el primer café. Por ello, a una mujer que se comporta así no debería extrañarle que siempre acabe atrayendo a hombres que solo la quieren para un rato de diversión o bien a perfiles que la quieren para salir y lucirla ante su entorno, en el que su manera de mostrarse se ve normal. Por lo tanto, todo dependerá del perfil que queramos encontrar y de la conciencia que tengamos para poder hacernos la pregunta: ¿Qué debería cambiar para atraer a otro tipo de personas? Hacer esto indica que nos responsabilizamos, que asumimos nuestra parte de responsabilidad en aquello que está ocurriendo.

¿Sufrimos por desamor en estos casos? No, porque se trata de casos en los que nunca nos han querido, ya que, para empezar, ni siquiera hemos tenido tiempo ni hemos vivido lo suficiente como para que naciera este sentimiento. Sufrimos porque vemos que la otra persona no nos quiere, porque no queremos aceptar que nosotros tampoco le queremos y porque nos damos cuenta de que, de nuevo, seremos lanzados al gélido mar de la soledad.

Esta es la pregunta del millón: ¿cómo me sentiría si le hicieran esto mismo que me están haciendo a mí (o que me hago yo a mí mismo) a la persona que yo más quiero? ¿Lo permitiría igual que lo estoy permitiendo conmigo?

EL CASO DE SANDRA:

miedo a la soledad y baja autoestima

Sandra es una mujer excepcional, pero en su vida le ha tocado sufrir mucho. Perdió a su hermana cuando era muy joven en un accidente de tráfico y a su familia le costó mucho levantar cabeza.

Sandra siempre ha sido muy inteligente, pero creció en un entorno en el que no facilitaron que saliera todo su potencial. Dice Umberto Eco que «somos aquello que nuestros padres nos enseñaron cuando no estaban intentando enseñarnos nada». Y así fue, Sandra aprendió todo lo que vio a su alrededor, y si a ello le sumamos lo que le faltó, el resultado fue una mujer con una autoestima muy baja y con unas necesidades afectivas enormes. Sandra tenía un hambre de cariño insaciable.

Su padre, un buen hombre, muy trabajador, pero sin el más mínimo criterio empresarial, acabó perdiendo todo cuanto habían conseguido (la casa, el negocio y el dinero), y acabó incluso dejando marcado para siempre el futuro económico de Sandra, que carga en sus hombros el peso de impagables deudas.

En mi libro *Autoestima automática* (Zenith) explico en profundidad que nuestra autoestima se construye en la infancia a raíz de recibir ciertas dosis de afecto y reconocimiento. Sandra no las recibió, no de la manera que ella necesitaba, a pesar de que la querían mucho. Además, en su adolescencia se dio cuenta de que tenía un cuerpo con tendencia a engordar, lo cual, claro está, no le vino nada bien. Se sentía fea y gorda, y creía que con esa imagen le iba a ser muy difícil encontrar a alguien que la eligiera y, más aún, que llegara a quererla de verdad.

Pasó muchos años sin pareja estable y haciendo lo que hacen muchas mujeres que se sienten de esa forma: no poner demasiados reparos en el terreno sexual, como vía para conquistar a los chicos. Es cierto que hay muchas personas, quizá más hombres que mujeres, que solo buscan sexo, y eso es lo que, al final, con su actitud acababa encontrando. Para poder atraer la atención masculina y conseguir gustar, vestía siempre con ropa ajustada y provocativa que atraía fácilmente a esos perfiles masculinos. Sandra es muy guapa y fotogénica. Ella sabe que es fotogénica, pero no se siente guapa, y esto la llevaba a poner unas fotos atractivas y sensuales en las redes sociales y otros sitios para conocer gente, y luego cuando iba en persona, su inseguridad y miedo a decepcionar cuando la vieran hacían que perdiera todo el atractivo que tenía para los chicos.

Sandra había intentado empezar un sinfín de relaciones, que nunca acababan en nada. Estaba desesperada por encontrar a un chico que la quisiera, y se notaba a kilómetros. Así solo conseguía que se alejaran, o que aprovecharan esa «desesperación» para tener un encuentro sexual y luego perdieran el interés de inmediato y desaparecieran de su vida. Me explicó que su última relación había durado varios años, pero que fue con un chico que estaba desequilibrado. Le conoció cuando trabajaba de camarera en un bar de copas. Al principio mostraba interés en ella, a pesar de admitir que tenía pareja estable. Tuvieron algún encuentro, pero al final él se distanció de ella. Con los años volvieron a encontrarse, y como su pareja lo había dejado y estaba solo, decidieron empezar a salir. A ella aquello le parecía lo más increíble que le había pasado en la vida. Le veía fantástico, le reía todas las gracias, y cualquier desplante o feo que le hiciera (y se los hacía) lo tapaba, lo justificaba o hacía como que no lo había percibido.

Así era Sandra, no tenía límites. Estaba aterrada ante la idea de volver a estar sola. Él no la quería y se lo demostraba con su manera de tratarla desde muy al principio. Aparte, sufría un trastorno obsesivo compulsivo y cuando ella le iba a ver, no la dejaba ni sentarse en su sofá para no ensuciarlo. No podía pisar la alfombra del comedor, y al final creía que molestaba hasta pisando su casa. Se sentía incómoda cada vez que iba, pero cuanto más incómoda se sentía, más sumisa y complaciente se volvía. Más se obsesionaba con él. Su principal objetivo, lo único que le importaba, era no perderle.

Ese chico no le aportaba absolutamente nada a su vida, tan solo la hacía sentir mal. No se implicaba en absoluto con ella. Le decía que quería ir muy despacio para no reconocer que se avergonzaba de ella. Y Sandra lo aguantaba todo. Supo que la engañó en un viaje que hizo, pero decidió que eso «no lo sabía seguro», para así justificar por qué era tan masoquista como para seguir a su lado.

A todo esto, él la dejó unas cuantas veces, con el argumento de que no estaba seguro y no acababa de sentirse bien. Y claro, esas rupturas eran como dagas afiladísimas para la autoestima de Sandra. Caía de inmediato, sintiéndose una víctima de lo más desgraciada, y empezaba a hacerse daño pensando que ella no daba la talla para nadie y que, al final, acabaría de nuevo sola. ¡Como si hubiera perdido al grandísimo galán, amoroso, cuidador! No le aportaba ni los mínimos que ella esperaba y, además, siempre lograba que ella acabara sintiéndose mal por uno u otro motivo, pero eso a ella no le importaba lo más mínimo. Es más, a los cinco minutos ya se había olvidado de todo lo que le hubiera hecho, lo había borrado por completo de su disco duro. El único objetivo era no perderle. Lo demás le importaba un comino.

Sandra se había apuntado a todas las páginas existentes para encontrar pareja. Había conocido a infinidad de chicos. Pero no se daba cuenta de que solo buscaban sexo. Estaba muy cansada. Sin embargo, tenía un problema, que no aprendía. La vida hacía con ella lo que hace con todos, nos pone delante una y otra vez lo mismo hasta que aprendemos la lección. Cuando ya está aprendida, ya no caemos más en la trampa que nos tiene preparada. Pero Sandra seguía cayendo sin dudar ni siquiera un segundo.

—La última persona que conocí —me explicaba— era un chico que en realidad no me gustaba. Él estaba muy pero que muy interesado, pero a mí no me gustaba. Me insistía en volver a quedar, pero yo le daba largas. Él seguía insistiendo y, al final, me dije que tal vez tenía que esforzarme un poco más en que me gustara, que tal vez era demasiado exigente conmigo misma, y accedí a quedar con él. Nos vimos más veces, pero no acabó de gustarme nunca, a pesar de mis esfuerzos. Pero encima, lo bueno de la historia es que ¡acabó dejándome él! Con tanto que me prometía por esa boca, un día desapareció de repente y no se supo nada más. ¿Te lo puedes creer?

«Pues claro que me lo puedo creer —pensaba yo—. Si piensas que por quedar cuatro veces con alguien ya lo conoces y te crees todo lo que te cuenta, tienes todos los números para acabar pasándolo francamente mal». Y, de hecho, eso es justo lo que le sucedía.

Toda la información que vamos recopilando durante los primeros meses de relación debemos guardarla con mucho cuidado y teniendo en cuenta que después, poco a poco, con su actuación inconsciente, la otra persona nos irá corroborando si aquello que nos dijo es cierto, o si la realidad es justo la opuesta. Siempre existe la posibilidad de que aquello no sea verdad.

La persona que elegimos no nos tiene que demostrar que nos ama diciéndolo treinta mil veces seguidas a nuestro oído. Para nada. Se trata de que nos lo demuestre de verdad. ¿Cómo? Pues bien, con sus actos, con su conducta. Nos sentiremos queridos cuando veamos que con su manera de actuar intenta evitar nuestro dolor siempre que puede. Que no hace nada con lo que sepa que vamos a sufrir. Que no nos miente, no nos engaña, no nos oculta cosas, no cambia de opinión nunca sobre lo que siente hacia nosotros, nos cuida. ¿Cómo cuidaríamos a alguien a quien amamos? Todos lo sabemos, pues es algo común a todo el mundo. Lo que pasa es que hay personas que no nos tratan así, y en vez de comprender que lo que sucede es que no nos aman, empezamos a darle vueltas al asunto, a tergiversar todo con el único objetivo de poder justificar que aquello es maravilloso y que queremos seguir a su lado. Todo menos quedarnos solos de nuevo.

El de Sandra es un perfil habitual en muchas personas. Viven el amor de una forma infantil, inmadura. No ven maldad ni aprovechamiento en ninguno de los casos. Y si lo ven, le dan la vuelta para no verlo. Si el otro le dice que ella en realidad le importa bien poco, ella se limitará a sonreír y le dirá: «Ah, ¿sí? ¡Mira qué bien!». Y yo le diría: «¿Cómo que "mira que bien"? ¡Levántate y vete de ahí *ipso facto*! ¿Por qué sonríes? ¿Te hace gracia? No, está claro que no te hace gracia, pero ahí estás, sonriendo».

A Sandra le resultaba difícil diferenciar lo negociable de lo innegociable. Para ella todo era tolerable, todo menos quedarse sola de nuevo. Recuerdo que a menudo le preguntaba: «Sandra, ¿te has preguntado alguna vez dónde están tus límites? ¿Qué es eso que si sucede, no lo vas a tolerar? ¿Tienes claro si hay algo que para ti sea motivo suficiente como para cortar una relación que no encaje en absoluto con lo que quieres ni te haga feliz?». Sin embargo, para Sandra no había límites. Si hablaba con ella e intentábamos razonarlo juntas, lo veía claro. Incluso al escucharla, parecía que hablara yo. Ella tenía todo mi discurso memorizado, y cuando había salido ya de una relación y se había recuperado, hablaba como si ya lo tuviera todo claro, pero en cuestión de poco tiempo volvía a actuar exactamente del mismo modo.

El problema principal de todas las Sandras es que están constantemente pendientes de si a su alrededor hay algún chico que pueda ser un posible candidato. Tanto si están entrenando en el gimnasio como si están en la cola del supermercado. Da igual. Y da igual cómo sea el chico; lo importante es que se fije en ellas. Si bien es cierto que podemos encontrar a la persona adecuada en cualquier lugar, no es sano estar pendientes de ello en todo momento, y está comprobado que no nos lleva por buen camino.

En mi opinión, es importante que una persona que se sienta identificada con el perfil de Sandra aprenda a hacerse valer. Tiene que aprender a poner límites y, para ello, es importante tener claro dónde debe ponerlos. Hay cosas que no pueden tolerarse, como el engaño, la mentira y la ocultación de «detalles» que son muy importantes para la relación; el maltrato físico o psíquico como la denigración, la ridiculización, el menosprecio, la infravaloración o la violación; el control, la dominación o la castración que nos impiden ser nosotros mismos, etcétera. Podría ampliar la lista añadiendo muchos más elementos, pero al final siempre llego a la conclusión de que lo que no puede tolerarse nunca y a lo que siempre tendríamos que poner todos un límite infranqueable se resume en la siguiente idea: cuando la otra persona te hace sentir mal con un comentario o un gesto. A veces esto nos puede llevar a pensar que somos demasiado sensibles o que tenemos la piel muy fina y en seguida nos sienta todo mal. Sin embargo, deberíamos fijarnos en el siguiente detalle: lo que importa de verdad, al final, no es si estaba bien o mal lo que ha hecho la otra persona, sino si se siente mal o no al ver que, de algún modo, nos ha herido.

Muchas veces, cuando nos quejamos, la otra persona se pone a la defensiva con comentarios del tipo: «¿Por eso te enfadas?», «pero si no te he hecho nada malo», «vaya, qué delicado eres»... Y en esos casos, sin saber cómo ni por qué, acabamos siendo nosotros los que pedimos perdón. Es surrealista, pero es lo que ocurre la mayoría de las veces. Esto no debería pasar, ya que si el otro te quiere de verdad, podrás palpar en todo su cuerpo que le duele tu dolor.

En el caso de Sandra era muy importante realizar un proceso para fortalecer su autoestima, algo también necesario en las personas que se sientan identificadas con ella. Tenía que aprender a quererse, a tratarse bien, y sobre todo a descubrir dónde había que poner esas barreras que deben ser infranqueables en todos los casos. Cuando Sandra conectó verdaderamente con su esencia, se dio cuenta de que ya no tenía que esforzarse para caer bien y agradar a los demás. Ya no tenía que ser complaciente sin medida para que la otra persona no la rechazara. Es más, descubrió que siendo así, no gustaba más a los chicos, sino todo lo contrario, perdían el interés por ella. Poco a poco empezó a quererse a sí misma, tal y como era. Pura, auténtica, maravillosa. Sandra era divertida, simpática, muy guapa y muy lista, a pesar de que nunca antes se había dado cuenta. Y es que si uno mismo no lo ve, acaba escondiéndolo y consigue que los demás tampoco lo vean.

A nivel de imagen también pude ver claramente la diferencia. Ya no necesitaba vestir siempre con tacones altísimos, vestidos muy ajustados, ni grandes escotes, porque ahora se sentía bien, más cómoda y discreta, más ella misma. Además, se dio cuenta de que, al final, la imagen de aquella antigua Sandra atraía a un determinado perfil de hombre que no buscaba lo mismo que ella.

Comprendió que dejar de comer no era para nada la solución al sobrepeso, sino todo lo contrario. Con ello lo único que conseguía era sentirse más triste, ansiosa y hambrienta. Y esto no la ayudaba en absoluto. Retomó la rutina de ir al gimnasio (que antaño tanto le gustaba) y empezó a comer de manera regular y con platos sanos y equilibrados. Al cuidarse más y tratarse bien en todos los sentidos, se sentía mejor y estaba más tranquila. El hecho de respetarse más a sí misma también la llevaba a hacerse respetar por los demás, y al cambiar su imagen y ser más ella misma, el perfil de hombre de antes ni la veía.

Un día recibí un correo electrónico en el que me explicaba que había conocido a un chico maravilloso que la respetaba y la amaba de verdad. Le daba paz y le demostraba cada día que estaba encantado con ella, la admiraba por muchas cosas que ella jamás había descubierto en sí misma. Nadie las veía porque al no creer ella misma en esas cualidades, ya no les daba la oportunidad de salir a la luz.

Tanto si somos conscientes de ello como si no, es muy importante tener una buena autoestima si queremos ser felices en una relación de pareja sana. Lo cierto es que todo aquello que tiene que ver con nosotros mismos (sentirnos mal, vernos mal o querernos mal) nos afecta de manera directa a la hora de relacionarnos con los demás. Si yo me siento mal conmigo mismo, cualquier interacción que salga de mí partirá ya mal, cargada de todos los aspectos negativos con los que yo me relaciono a través de mis pensamientos (que son la base de todo lo que ocurre en mí). Cuanta más confianza tenga conmigo mismo, más me mostraré tal como soy con la persona con la que estoy interactuando, sin tener que esforzarme para ser otra persona diferente que piense que le va a gustar más. Esto rara vez sale bien.

De este bajo autoconcepto o autoimagen parten, por lo tanto, todo tipo de conductas negativas o tóxicas, como pueden ser la agresividad, los celos, o en el caso de Sandra, el hecho de ser ella siempre la elegida porque daba por sentado que siendo como era, no tenía otra elección. Sandra no se veía a sí misma. Tenía un potencial inmenso, pero la parte afectiva la tenía presa, atrapada, condicionada al doscientos por ciento.

Tener una buena autoestima conlleva una serie de aspectos muy sanos y positivos en la relación de pareja. La autoestima es muy importante por una serie de razones:

- Nos permite darnos cuenta de que no necesitamos a nadie en concreto. De que elijamos a quien elijamos en un momento determinado de nuestra vida, por muy claro que lo tengamos, si un día la relación no funciona, nuestra vida no tiene por qué acabarse. Nosotros ya éramos alguien antes de conocer a esa persona y seguiremos con nuestro proceso de crecimiento con o sin ella.
- Nos ayuda a priorizarnos, a ser conscientes de que si bien la otra persona puede haberse convertido en una parte muy importante de nuestra vida, la más importante incluso, nosotros siempre estamos primero. Es básico no olvidar esto para que podamos permitirnos ciertos espacios de regene-

ración, estando con amigos o realizando aquellas actividades que nos ayudan a fluir y a ser creativos, esos momentos en los que encontramos solución a los problemas y reconectamos con nuestra auténtica esencia. Si perdemos eso, nos perderemos a nosotros mismos, y entonces ya nada tendrá sentido, nada será suficiente y viviremos a merced de las necesidades del niño que un día fuimos y que sigue en nuestro interior. Tenemos que vivir siempre desde nuestro adulto, en contacto y constante comunicación con el niño. Así es como sentiremos que estamos vivos y que nuestra vida vale la pena y tiene sentido.

* Nos ayuda a tener una idea madura y coherente del amor, asumiendo que aunque hayamos aprendido otra cosa, en realidad, a efectos prácticos, nunca hay garantías en una relación, ya que no podemos saber con quién estamos hasta que no haya pasado suficiente tiempo y conozcamos bien a la pareja, por lo que la relación puede acabarse en cualquier momento.
* Nos permite algo muy importante: ser más capaces de elegir a la persona correcta para nosotros.
* Nos ayuda a tener claro dónde debemos poner los límites, a identificar aquellas situaciones que dañan nuestra dignidad de forma directa e indirecta.
* Nos ayuda a no tener celos irracionales, sabiendo que si nuestra pareja nos elige es porque encajamos con lo que quiere, con aquello que estaba buscando, sin más.
* Nos permite saber qué es lo que no estamos dispuestos a negociar bajo ningún concepto.
* Nos hace sentir que merecemos un amor sano, es decir, alguien que no nos haga sufrir. Nos hace tener claro quién queremos que nos dé ese amor y cómo queremos que sea la persona con quien vamos a compartir nuestra vida. Nos permite quedarnos solos con alguien que encaje con esas características.

- Nos permite ver que los valores como el respeto, la honestidad o la admiración hacia el otro no pueden ser negociables.
- Nos lleva a respetar mi tiempo y el de la otra persona.
- Nos hace sentir que los dos miramos en la misma dirección, que pensamos igual con respecto a las cosas importantes. Nos permite ver que somos muy parecidos a la otra persona (hoy sabemos perfectamente que los polos opuestos no se atraen).

Para amar bien a otra persona, antes debes haber aprendido a amarte a ti mismo. Si no sabes estar solo, te será muy difícil encontrar a alguien que quiera estar contigo.

En mi libro *Autoestima automática* hablo mucho más sobre la autoestima y sobre cómo nos afecta, así como sobre la manera de fortalecerla.

CAPÍTULO 3

CREENCIAS DAÑINAS Y ERRÓNEAS SOBRE EL AMOR

¿Cómo afectan a nuestras relaciones nuestras creencias erróneas acerca del amor?

En mi libro *Autoestima automática* explico y analizo en profundidad el tema de las creencias y la importancia que tienen en la manera en que nos sentimos y comportamos. Nuestras creencias nos afectan absolutamente en todo; dirigen, manipulan y tienen el control de nuestra manera de pensar, sentir y actuar. En la mayoría de los casos son las responsables de que acabemos pasándolo mal en situaciones que no deberían llevarnos a esos estados tan negativos. Todo parte de ellas. Interfieren en todo. Están instaladas en nuestro cerebro en forma de programas mentales y son como un filtro por el que pasa todo; analizan lo que vemos, lo que nos ocurre y lo que buscamos o elegimos. Dependiendo de la interpretación que se haga de cada situación, nos sentiremos de una manera u otra y actuaremos en una u otra dirección.

Tienen muchísimo poder en nuestra vida. Así, si son creencias positivas, nos harán sentir cada vez más fuertes y crecer porque nos ayudarán a adaptarnos a los cambios y a estar abiertos a las diferencias y a las situaciones inesperadas con las que la vida decida sorprendernos. Sin embargo, si en nuestro interior albergamos creencias negativas y limitantes, nos quitarán fuerza y nos harán más vulnerables, más obstinados, con prejuicios que nos estancarán y nos impedirán fluir al son de la vida.

Vamos a analizar, por tanto, algunas de estas creencias que tenemos instaladas en nuestra mente y que son totalmente perjudiciales, al ser la causa de que acabemos pasándolo tan mal en el amor. Hacen que interpretemos determinados hechos de una manera incorrecta y que no logremos aceptar la realidad tal cual es. Nos empujan e inducen a aguantar cosas que no deberíamos aguantar, a creer que determinadas situaciones son normales o son lo que cabe esperar de una relación. O bien nos destruyen, al hacernos creer que no merecemos nada más. Sin duda, tener las cosas claras y una autoestima fuerte y sana es imprescindible para poder ser feliz en el amor y para elegir a la persona adecuada.

Amar es darlo todo sin esperar nada a cambio

—Te amo —dijo el principito.

—Yo también te quiero —dijo la rosa.

—No es lo mismo —respondió él—. Querer es tomar posesión de algo, de alguien. Es buscar en los demás eso que llena las expectativas personales de afecto, de compañía...

»Querer es hacer nuestro lo que no nos pertenece, es adueñarnos o desear algo para completarnos, porque en algún punto nos reconocemos carentes.

»Querer es esperar, es apegarse a las cosas y a las personas desde nuestras necesidades. Entonces, cuando no tenemos reciprocidad hay sufrimiento.

»Cuando el "bien" querido no nos corresponde, nos sentimos frustrados y decepcionados. Si quiero a alguien, tengo expectativas, espero algo.

»Si la otra persona no me da lo que espero, sufro. El problema es que hay una mayor probabilidad de que la otra persona tenga otras motivaciones, pues todos somos muy diferentes.

»Cada ser humano es un universo.

»Amar es desear lo mejor para el otro, aun cuando tenga motivaciones muy distintas.

»Amar es permitir que seas feliz, aun cuando tu camino sea diferente al mío.

»Es un sentimiento desinteresado que nace en un donarse, es darse por completo desde el corazón.

»Por esto, el amor nunca será causa de sufrimiento.

»Cuando una persona dice que ha sufrido por amor, en realidad ha sufrido por querer, no por amar. Se sufre por apegos. Si realmente se ama, no puede sufrir, pues nada ha esperado del otro.

»Cuando amamos nos entregamos sin pedir nada a cambio, por el simple y puro placer de dar. Pero es cierto también que esta entrega, este darse, desinteresado, solo se da en el conocimiento. Solo podemos amar lo que conocemos, porque amar implica tirarse al vacío, confiar la vida y el alma. Y el alma no se indemniza.

»Y conocerse es justamente saber de ti, de tus alegrías, de tu paz, pero también de tus enojos, de tus luchas, de tu error.

»Porque el amor trasciende el enojo, la lucha, el error y no es solo para momentos de alegría. Amar es la confianza plena de que pase lo que pase vas a estar, no porque me debas nada, no con posesión egoísta, sino estar, en silenciosa compañía.

»Amar es saber que no te cambia el tiempo, ni las tempestades, ni mis inviernos.

»Amar es darte un lugar en mi corazón para que te quedes como padre, madre, hermano, hijo, amigo y saber que en el tuyo hay un lugar para mí. Dar amor no agota el amor, por el contrario, lo aumenta. La manera de devolver tanto amor, es abrir el corazón y dejarse amar.

—Ya entendí —dijo la rosa.

—No lo entiendas, vívelo —dijo el principito.

El principito
Antoine de Saint-Exupéry

Sin duda, este es un texto precioso en todos los sentidos. Es poesía, inspiración y belleza pura. Son tres ingredientes que a mí me fascinan y me emocionan. Sin embargo, hay algo en el texto que no acaba de encajar con mi manera de pensar y de entender el amor, por más vueltas que le dé.

¿Amar es realmente ese «dar sin esperar nada a cambio»? Yo diría que «depende». Me explico: cuando hablamos de amar a un hijo, por ejemplo, creo que un padre o madre sí que da sin esperar, pero lo hace porque le nace de lo más profundo del corazón, porque lo siente así, sin planteárselo. Pero ¿qué ocurre cuando se trata de nuestra pareja? ¿De verdad creéis que funciona así, que quien más ama es quien más da sin esperar nada a cambio? Después de estar muchos años realizando sesiones con personas que sufren en relaciones que no funcionan, hoy puedo decir que no. En una relación de pareja, si das y no recibes, más tarde o más temprano aparecerán la insatisfacción, las quejas, el desánimo, la frustración, el vacío y las carencias, y con ello bajará nuestra autoestima y aumentará nuestra ansiedad.

Quiero insistir una vez más en la fórmula del amor para mí:

AMAR = DAR + RECIBIR (a partes iguales)

Ese dar sin esperar nada simplemente no funciona en el mundo de la relación de pareja. Solo hay que echar un vistazo a las parejas a nuestro alrededor u observarnos a nosotros mismos en cualquiera de las relaciones que hayamos tenido a lo largo de nuestra vida. Hemos esperado siempre alguna cosa del otro, ¿verdad? Y sí, es cierto que el hecho de esperar algo es lo que después puede frustrarnos o irritarnos, e incluso llevarnos a querer cambiarlo, pero no siempre tiene que ser así.

Cuando amamos al otro, es muy importante que le aceptemos totalmente tal como es, en el sentido de que no necesitemos que cambie nada para gustarnos más. Le aceptamos, sin más, no nos molesta que sea como es. Pero una cosa es que no necesitemos ni esperemos que cambie nada y otra muy diferente es que no esperemos que nos dé nada a cambio de lo que le damos nosotros. Por este motivo, si la otra persona no nos da los mínimos que esperamos, dejaremos de aceptarle y aparecerán los reproches, las quejas y todo lo que nos aleja irremediablemente del amor.

Es cierto que he visto que hay personas que practican ese «dar sin esperar» hacia padres, madres y hermanos en situaciones de clara desigualdad, es decir, cuando por ejemplo, un padre ha estado muy enfermo. Aunque ese padre no hubiera dado nada bueno a su hija, puede que esta le cuide sin más, sin ni siquiera planteárselo. Le nace, lo hace porque lo siente así. Pero ¿lo hace realmente por amor? Si ese padre no la trató bien, no le dio cariño, ni la reforzó en ningún sentido, ¿ella puede sentir amor hacia él, por mucho que sea su padre y por mucho que esté enfermo? Yo creo que no. Es posible que lo haga más bien por pena o quizá incluso por obligación. Porque es hija única y su madre ya murió, porque sabe que él no tiene a nadie más, porque no es capaz de dejarle solo estando así. Yo creo que el amor se construye. En el polo opuesto, he visto que hay personas que no sienten nada hacia su padre o su madre, y sin excepción, en todos esos casos, ese padre o esa madre no le demostró amor (con su cariño y su presencia bondadosa) a su hijo en su momento.

Por ello, estoy totalmente convencida de que la creencia de que «quien ama da sin esperar nada a cambio» es falsa y muy dañina cuando la trasladamos al mundo de la relación de pareja. En muchos casos nos puede llevar (y, de hecho, nos lleva) a tolerar, aguantar y permitir situaciones que comportan una pérdida inmediata de nuestra propia dignidad. Y cuando empezamos a perder la dignidad, estamos cada vez más lejos de nuestros valores, de nuestros cimientos, de nuestro yo esencial. Estamos cada día más lejos de la persona que éramos antes de entrar y perdernos en esa relación tan tóxica y destructiva para nosotros.

Cuando te cases y formes una familia serás feliz

No os imagináis la cantidad de pacientes que hemos tenido en la consulta y a los que hemos visto llorar como niños abandonados ante la abrumadora realidad (para ellos) de que se ha roto su ideal de relación/familia/futuro. Aún en la actualidad recibimos una educación que nos intoxica, nos hace vulnerables y necesitados. En vez de transmitirnos que cada uno puede y debe ser feliz a su manera, que cada uno debe encontrar su camino y su modelo de vida, aquel que encaje con sus propios valores y con su manera de ver, sentir y pensar, en vez de ayudarnos a lograr esto, ¿qué nos transmiten? Que para sentirnos realizados y ser felices de verdad, tenemos que encontrar una pareja ideal con quien podamos casarnos y tener hijos. Ya está. Aquí acaba todo.

Si lo conseguimos, si vamos siguiendo los patrones preestablecidos, podremos agarrarnos a una falsa seguridad, y digo «falsa» porque, en el fondo, tampoco nos sentimos seguros así. Una vez lo hemos conseguido, una vez tenemos esa pareja con quien hemos tenido hijos y formado una familia, aparece en nuestra mente un nuevo objetivo: que no se rompa. Entonces nos adentramos en esa vida y en esa relación intentando parar los golpes que nos vengan sin saber siquiera si es normal que vengan o si en realidad no deberían venir.

Cuando algo amenaza ese ideal que tenemos entre las manos, esa estructura construida a partir de los parámetros que nos indicaron, nos ponemos furiosos, surgen los celos desmedidos y las conductas irracionales. Y todo porque no queremos que nadie nos quite aquello con lo que todos sueñan y que nosotros hemos conseguido. Cuando nuestro objetivo más importante es mantener aquella estructura intacta porque si no nos sentiremos vacíos y fracasados y decepcionaremos a los nuestros, entramos en un terreno bastante peligroso, ya que desde allí nos costará mucho saber dónde debemos poner los límites. Es decir, aguantamos lo que sea para que la relación no se rompa, pero este «lo que sea» puede llegar muy lejos. Demasiado. ¿Estamos dispuestos a ir tan lejos como haga falta? ¿No deberíamos todos tener un límite? ¿No hay situaciones o conductas que no tendríamos que tolerar en ningún caso, bajo ningún concepto?

¿No os parece un poco ridículo? En mi opinión, es como intentar retener agua entre las manos. Podemos conseguirlo, pero si vemos que el agua se escapa, no podremos evitarlo. Y es que el hecho de que aquella construcción se mantenga fuerte no depende únicamente de nosotros. Somos dos, y eso es justamente lo que más nos cuesta comprender.

Antes comentaba que muchas personas acuden a la consulta porque su pareja les ha dejado por un tercero y no logran atravesar esa dura situación. Se quedan atascadas en su proceso de duelo, concretamente en la primera fase, la negación (como en el caso de Miguel). Y quedan atrapadas ahí porque no están dispuestas a renunciar a esa idea de familia que ya tenían. Está claro que en estos casos, si además tenemos hijos, es aún peor porque el dolor que siente el adulto es mucho más profundo. Es como si a estas personas les hubieran arrancado una parte de sí mismas que ya nunca más volverán a recuperar. Piensan que no solamente se ha roto la relación que habían construido sino que, además, ahora que tienen hijos y han roto la estructura familiar, ellos tendrán que convivir y crecer con la idea de tener padres separados, con lo que esto conlleva. No es algo tan duro ni tan complejo ni tan perjudicial para ellos, pero se nos hace un mundo.

Vamos a pensarlo un momento. ¿Por qué le damos tanta importancia al hecho de casarnos y tener hijos, al hecho de formar una familia? Algunos dirán que es lo que han tenido de pequeños y lo que quieren reproducir. Otros argumentarán que no lo han tenido de pequeños y por eso lo quieren construir. Otros sentirán que lo hacen porque les da seguridad; es como un espacio en el que creen que siempre estarán a salvo, en el que siempre serán queridos, y se sentirán importantes y valiosos. Otros lo hacen para dar sentido a sus vidas, porque no tienen ninguna motivación, porque se sienten perdidos y creen que eso es lo que les falta. Luego lo consiguen y entran en el angustioso miedo de perderlo cuando alguna amenaza asoma en sus vidas.

Después de ver que un gran número de personas sufre por este problema, creo que esta creencia es de las más dañinas que nos han inculcado. Algunas veces nos la han transmitido verbalmente, aunque puede que esto se diera más hace unos años. Ahora se transmite igual, pero con el ejemplo. Se lo enseñamos a los hijos, por ejemplo, cuando nuestra pareja nos quiere dejar y nos aferramos a la relación con todo nuestro empeño, dejándonos caer al abismo, haciendo intentos de suicidio o mostrando conductas del todo irracionales. Los hijos aprenden así que la ruptura de una relación que se suponía estable es algo muy malo, terrible, que tienen que evitar a toda costa. Y así es como repiten de nuevo la misma historia con otra versión.

Una vez más, creo que deberíamos enseñar que esta es una opción, pero que hay muchas más. No deberíamos empujarlos en la dirección que nosotros creamos mejor, sino que es importante enseñarles unos valores para que puedan decidir por sí mismos. Muchos jóvenes que han estado rodeados de drogas y de numerosas posibilidades de caer en una mala vida han sabido qué escoger y a qué renunciar gracias a que tenían unas bases fuertes, a que tuvieron a algún adulto de referencia que les enseñó a pensar en lo que era mejor para ellos. Y si sentimos que nosotros no hemos recibido esta educación que nos permite transmitir lo mejor a nuestros hijos, entonces preguntémonos qué es lo que les estamos enseñando con nuestro ejemplo, porque eso es lo que van a aprender.

Para que la relación funcione hay que luchar

Nos encanta decir que «luchamos» por amor o por una relación de pareja. Hace que sintamos que nuestro amor es aún más fuerte y que puede con todo, y eso también se debe a las creencias erróneas que dan órdenes a nuestro cerebro. En mi opinión, cuando tenemos que luchar para hacer que una relación funcione, esa es una clara señal de que aquella es la peor inversión que podemos hacer.

El término *luchar* se define como «un enfrentamiento entre dos o más personas», «la oposición presentada por partes que entran en conflicto y que tratan de imponer sus intereses» o «el esfuerzo constante realizado con el fin de resistir la acción de una fuerza contraria, ya sea física o psicológica». Pensemos por un momento en los términos que se asocian con la lucha: enfrentamiento, oposición, conflicto, pelea, combate, imponer intereses, esfuerzo constante, resistir, fuerza contraria. Para muchas personas, estos términos tienen mucho sentido cuando hablamos de una relación de pareja, pero sin duda son casos que viven bajo el peso de viejas creencias limitantes y castradoras.

Quienes nos dedicamos a estudiar y analizar las relaciones de pareja no tenemos ninguna duda de que estas no deben ir de la mano de enfrentamientos, imposiciones, resistencias ni grandes esfuerzos. Por suerte, está ya muy pasado de moda eso de que en el amor hay que luchar. Aunque no para todos, eso también debo admitirlo. En muchas conferencias, aún hay alguna persona entre el público que pide el micrófono para expresar su disconformidad respecto a este tema. Les resulta incluso ofensivo escuchar que alguien diga que en una relación no hay que luchar. A mí, la verdad es que no deja de parecerme curioso cada vez que veo a alguien aún tan aferrado a creencias de ese tipo. No se dan cuenta de que esa forma de pensar ha caducado, y de que en la actualidad, por suerte, podemos hacerlo mejor.

Yo pienso que el ser humano tiene que luchar si quiere conseguir un objetivo que dependa de él (una carrera, un trabajo, etcétera), si quiere salir de una crisis económica o si quiere sobrevivir a una enfermedad muy grave. Son situaciones en las que sí que irá contra algo o contra alguien, contra un contrincante duro, pero si la persona lucha y se compromete de verdad, en muchos casos podrá conseguirlo. Aquí sí que hay que luchar.

Pero si una relación no funciona, no funciona. Si elegimos a alguien, se supone que es porque con él o ella estamos mejor aún que cuando estamos solos; se supone que lo elegimos porque la relación es fácil, porque sentimos que fluimos, que miramos en la misma dirección, que tenemos valores parecidos, etcétera. Todo esto hará que ni se nos pase por la cabeza la idea de tener que luchar. No viviremos la relación como una lucha para conseguir que funcione, ya que eso indicaría que no funciona, y si no funciona, ¿para qué seguir metidos en ella?

Tal y como indica la definición, cuando sentimos que hay que luchar es porque vemos las cosas importantes de manera diferente, es porque uno quiere imponer su verdad al otro y viceversa. Pero ¿quién gana en esa guerra? Nadie, ninguno de los dos. Por el contrario, salimos heridos, agotados, frustrados y muy desgastados. Salimos destruidos, sin ganas, sin motivos y sin fe. La pregunta es: ¿Hace falta realmente llegar a ese punto? ¿Es necesario llevar la situación hasta ese final para aceptarla al fin? Mi respuesta es un no rotundo. En absoluto, no es necesario.

En mi opinión, y por suerte la de cada vez más profesionales que se dedican al mundo de la pareja, habría que entender la relación desde el lado opuesto, desde los antónimos de la lucha: estar en paz, conciliar, tirar la toalla o darse por vencido. No cabe duda de que en el amor no se gana luchando, sino llegando y manteniendo la paz. Si podemos llegar a un punto de entendimiento y conciliar, eso es genial, ya que alcanzaremos la paz que nunca deberíamos haber perdido. Si eso no es posible, rendirse es el mayor éxito y la mejor inversión. O funciona y sigo apostando porque fluimos y estamos bien juntos la mayor parte del tiempo, o no funciona y dejamos de hacernos daño.

Soy consciente de que seguro que algunos de vosotros estáis pensando que no siempre es todo blanco y negro en las relaciones, y de hecho, estoy de acuerdo. Hay casos en los que la relación funciona en la mayoría de las áreas, pero existe un punto de conflicto que se puede solucionar con unas sesiones de terapia de pareja. Está comprobado que sí se soluciona, pero para que esto funcione debe haber un grado óptimo de implicación y compromiso por parte de ambos.

Pero lo curioso es que las personas que viven esta situación en la que hay algo que no fluye y piden ayuda a un mediador no viven este proceso como una lucha. En absoluto. Lo viven como una experiencia en común que les hace crecer como pareja y que refuerza su vínculo. Les ayuda a tener más conciencia, a estar más presentes, a llegar más lejos y a poder disfrutar más de su relación.

Quien bien te quiere te hará llorar

¿Cómo? Esta es, sin duda alguna, la estupidez más grande que hemos heredado de nuestros antepasados. Y lo peor de todo es que muchos, a día de hoy, aún siguen transmitiéndoselo a sus hijos y nietos. Por ello, es muy importante que entre todos nos esforcemos para que esto cambie.

Por un lado está el acto de llorar, que es una reacción a un determinado estado emocional. Los estados que nos pueden llevar al llanto son varios; una persona puede llorar después de recibir noticias especialmente felices o porque se siente impotente o ineficaz para influir en los acontecimientos negativos que están pasando. Este último caso, evidentemente, es el que hace referencia a lo que nos ocurre en la relación de pareja.

Cuando nos dicen «quien bien te quiere te hará llorar», nos están diciendo lo siguiente: «Aunque sientas impotencia cada vez que sucede esto (no te trata bien, descubres un nuevo engaño, te das cuenta de que a su lado no eres feliz, la relación te impide crecer, deja de hablarte, etcétera) y acabes llorando o pasándolo muy mal, eso sucede porque te quiere. El amor es así. Llorar va implícito en el amor». Esto es lo que a la mayoría nos han transmitido, ya sea con la palabra o con el ejemplo, pero, como digo, es una locura enseñarle esto a otra persona.

El mensaje debería ser justo el opuesto: «Estando en una relación, llorarás, pero el motivo de tu llanto o impotencia no tiene que ser porque la propia relación esté en juego ni porque la otra persona lo cause al hacerte sentir que te maltrata. Está claro que llorarás porque sientes emociones de tristeza, como todo el mundo, e incluso puede que estas las cause el otro, pero debe ser algo muy puntual y en ningún caso debe ser un estado habitual. Cuando te pase esto, debes sentir que ni siquiera recuerdas la última vez que te pasó, porque es realmente poco frecuente. Debes sentir que tu estado habitual es de paz interior, bienestar, armonía e ilusión.

Por lo tanto, basta de justificar el hecho de pasarlo mal en una relación como algo normal. Eso no es cierto, ni deberíamos acostumbrarnos a ello. Lo normal es que no lloremos por la relación y si lo hacemos, que sea solo en ocasiones puntuales.

Te invito a descargarte gratuitamente mi libro electrónico *Quien te quiere no te hará llorar*, lo puedes encontrar en mi web: <www.silviacongost.com>.

Quedarte sin pareja a partir de los cuarenta es una desgracia

Este punto, nos guste o no, afecta principalmente a las mujeres. No se ve igual a un hombre soltero a partir de cierta edad que a una mujer soltera coetánea. En la actualidad, son muchas las que piensan que si no se han casado a los cuarenta (o incluso a los treinta), van a pasarlo realmente mal. Sienten mucho miedo. Miedo a diferentes cosas, no solo a la temida soledad sino también al rechazo, a ser señaladas, a que esto sea motivo de menosprecio o infravaloración (bajo la idea de que «si no me ha elegido nadie, es que no soy lo suficientemente buena o querible»). En otras palabras, que si no tenemos una relación estable a esa edad, nuestra autoestima caerá en picado.

Si bien es cierto que este estigma parece ir desapareciendo poco a poco, también lo es que la sociedad, a través de la televisión y los medios de comunicación, sigue dando el mismo mensaje a las niñas: «Cuando acabes la carrera y tengas trabajo, toca casarte». Es como si lo más importante fuera ser deseadas por los demás, ya que esto garantizará que encontremos quien nos desee y nos elija, y evitemos así la temida soltería. Y por todos los *inputs* que recibimos, damos por sentado que no hay ninguna mujer soltera y feliz.

¿Creéis que esto puede ser cierto? No, pero así lo sentimos. De hecho, no vemos películas en las que se represente esta situación.

Pensar que el límite está en los treinta o treinta y cinco hace que nuestra vida se convierta en una auténtica cuenta atrás.

La escritora Kate Bolick realizó hace unos años una investigación para descubrir si la realidad era tan dramática como nos la mostraban, y los resultados que obtuvo fueron sorprendentes: ¡existían muchas mujeres que a los treinta y cinco años aún no tenían pareja y eran felices! Descubrió que a esas mujeres les gustaba su vida y que se daban cuenta de que el hecho de haber estado tanto tiempo centradas en la falta de una pareja casadera había sido un grave error. Al dejar de preocuparse por ello, se sentían libres.

La realidad es que aunque el número de personas solteras no deja de aumentar, aun así siguen siendo invisibles. No existen en Hollywood, en los medios ni en los anuncios, en que solo se proclama ese amor perfecto. Y esto, como dice Kate, no significa que hagamos apología de la soltería femenina. Simplemente significa que debemos empezar a desoír eso de que si una no encuentra pareja, no será feliz.

A rey muerto, rey puesto, o un clavo saca otro clavo

Hay muchas personas que a día de hoy siguen repitiendo cualquiera de esas frases, ya sea dentro de sus cabezas para darse ánimos a sí mismos o como consejo para alguien que acaba de ser abandonado por su pareja y no sabe cómo seguir adelante con su vida. Si bien es cierto que eso es algo que nos ayuda en muchos contextos, en el de la pareja, de entrada, no es tan fácil ni funcional.

Cuando se nos muere un perro u otro animal al que teníamos mucho cariño, todos decimos que no queremos tener otro, que sería como querer sustituirlo, como si le hiciéramos un feo, ya que él era el más especial y al que más queríamos. Sin embargo, cuando adoptamos o compramos otro (y aún más si es un cachorrito), en seguida atraerá toda nuestra atención, y no podremos evitar empezar a quererlo muy rápidamente. Los cachorros, igual que los bebés, tienen ese poder tan especial, nos despiertan el cariño, las ganas de cuidarlos, de darles afecto.

Sin embargo, en el caso de los adultos y las relaciones de pareja, es otra historia. La implicación emocional no es la misma porque compartimos aspectos diferentes que con un cachorro o un bebé, y eso hace que no podamos sustituir a la persona así como así. Habrá quien pueda, está claro, pero no acostumbra a ser así. Nosotros tenemos muchas más peculiaridades, maneras de ser, comportamientos, reacciones, vulnerabilidades, etcétera, es decir, nuestra parte emocional abarca un abanico inmenso, mientras que los animales de una misma raza acostumbran a tener unas características similares (a pesar de ser diferentes).

Lo que acostumbra a suceder cuando acaba una relación es que necesitamos un período para poder hacer el proceso de duelo bien hecho y que ello nos permita soltar esa historia, guardarla en el lugar que le corresponda y dejarla ahí, sin volver a removerla otra vez. De no hacerlo así, lo que puede ocurrir es que al adentrarnos en una nueva relación, nos vayamos sintiendo cada vez peor. Puede que tal vez lo anterior no lo consideremos del todo acabado, que tengamos aún esperanzas de poder recuperarlo. Tal vez sin darnos cuenta empecemos esto nuevo para que la anterior pareja reaccione y vuele de nuevo a nuestros brazos arrepentida. O puede que empecemos con la nueva persona con muchas ganas, pero que veamos que seguimos pensando en la anterior, que seguimos pendientes de lo que la otra hace o deja de hacer, y que todo esto nos dificulte centrarnos en el presente y nos lleve a entrar en las comparaciones e impida que sintamos más allá de una simple atracción inicial. Cuando esto pasa, nos es imposible seguir al lado de esa persona.

También sucede que si teníamos dependencia emocional con la pareja anterior, si no la hemos superado bien, podemos trasladar el enganche a la nueva relación. Y si por lo que sea la anterior reaparece, querremos correr hacia ella, pero a la vez no querremos perder a la nueva pareja porque vemos que tiene más posibilidades de funcionar, ya que en el fondo ya sabemos que la anterior relación no funcionaba. Estamos en peligro de entrar en un juego muy destructivo de «ni contigo ni sin ti», en el que no queremos perder a ninguna de las dos personas. A pesar de ello, en la mayoría de los casos debemos perder a las dos para poder tocar fondo y que no nos quede más remedio que hacer ese proceso tan necesario de cerrar las heridas y que podamos, así, volver a empezar.

Tenemos que ver las rupturas como si fueran heridas en la piel. Como si cada ruptura fuera un corte que nos hubiéramos hecho con un cuchillo, un corte profundo, sangriento y doloroso que nos cuesta curar. Mientras esa herida esté abierta, nos será muy difícil dejar de pensar en ella. Pueden pasarnos cosas que seduzcan nuestra atención, pero en el fondo, nuestra mente estará allí, en el dolor que nos causa, en la necesidad de cerrarla y de que cicatrice para poder sentirnos sanos y libres otra vez.

Cuando una persona no ha cerrado bien la herida de una ruptura anterior, es un mal momento para empezar una historia nueva. Si lo hacemos, lo más probable es que acabemos causándole sufrimiento a esa nueva persona y que acabemos sufriendo nosotros también. La pregunta que debemos hacernos para saber si estamos preparados para empezar una nueva relación es la siguiente: si esa persona volviera hoy, arrastrándose arrepentida y suplicándote volver a tu lado porque se ha dado cuenta del gravísimo error que cometió al dejarte, ¿volverías con ella? Si tu respuesta es un no rotundo, te has liberado y estás preparado para una nueva relación. Si dudas o dices que sí, evidentemente, lo mejor que puedes hacer es seguir solo y dejar que el tiempo vaya poniendo poco a poco las cosas en su lugar.

Si te esfuerzas y le das lo que quiere, volverá a quererte. El amor implica aguantar lo que haga falta

Aunque esta creencia tiene su origen en las personas de otra generación, se está instalando cada vez más entre los jóvenes. Por surrealista que pueda parecer, es así, y volvemos a tener una oleada de chicas que están convencidas de este tipo de ideas: «Cuanto más me someta, le demuestre y acepte, más claro va a tener cuánto le quiero». Como podemos imaginar, al entrar en estos terrenos, no hay límites para nosotros. No hay fin, y vamos de mal en peor.

A pesar de tratarse de una creencia que llevamos más interiorizada las mujeres, también la he visto en muchos hombres. Generalmente, son hombres sumisos que viven por y para su mujer. Para complacerla, para hacerle la vida más fácil, tolerándolo todo, permitiéndolo todo a cambio de poder seguir a su lado. Es como si esto les bastara, como si para ellos ya fuera suficiente, como si les encantara desempeñar ese rol. Y, de hecho, lo viven así, les encanta. Y es que si ellos son felices, no hay problema.

El problema viene porque, normalmente, cuando uno de los dos es tan sumiso y está tan anulado al lado del otro, ese otro tiene otra vida más allá de su relación. Ya sea otra vida a nivel de amistades, salidas o viajes, o bien otra vida en forma de relación paralela de la que la pareja no sabe nada (o no lo quiere saber). Siguen al lado de su pareja sumisa porque les conviene, porque se encargan de todo (la casa, la comida, los niños, etcétera) y encima les permiten irse cuando quieran y con quien quieran. Tal vez en alguna ocasión se molestan, pero a la que vean que la relación está en peligro a causa de su enfado, no tardarán en agachar de nuevo la cabeza y seguir con su rol. Rápidamente volverán a ser complacientes y agradecidos. Como decía, es un rol que lo he visto tanto en mujeres como en hombres.

Tarde o temprano, la otra persona se cansa de tener a alguien así al lado, y es cuando aparecen amenazas de ruptura, que lo único que consiguen es que quien tiene el rol de servicial y sumiso lo sea aún más. Y como el único objetivo es que aquello no se rompa, con esto ya se quedan tranquilos. Será suficiente.

Puede que uno lo viva como algo que ya le va bien, algo con lo que se siente satisfecho o, mejor dicho, algo con lo que se resigna. Está claro que uno piensa que si la otra persona le diera un poquito de cariño o afecto, o le hiciera sentir importante y valioso, estaría mejor, pero al asumir que eso no es posible, se dejan caer en una profunda resignación. Para mí, la resignación es el estado más triste de todos los que podemos vivir en cualquier relación. Se trata de poder cambiar, de poder aspirar a algo diferente, a algo que nos haga sentir vivos de verdad, a algo mucho mejor, así que decidir quedarnos allí donde no nos quieren, por miedo a lo nuevo, es realmente triste. Todos deberíamos intentar hacer lo necesario para salir de allí. Lo peor de todo es que siempre es la otra persona la que deja al sumiso y, con ello, este lo vive literalmente como si le extirparan el corazón. Se le cae encima su mundo, le aplasta, y entra en un modo de desesperación en el que es capaz de hacer auténticas locuras para lograr que la relación vuelva a su cauce; esa relación en la que no es amado por la otra persona, no lo olvidemos. Y es que como ha dado todo cuanto podía y más, aún se siente peor porque no logra comprender y siente que quizá no haya dado suficiente. Eso hará que se autocastigue y luego se sienta mucho peor. Sin duda, la dignidad ha desaparecido por completo y el objetivo sigue siendo siempre el mismo: recuperarla.

CAPÍTULO 4

LA HISTORIA DEL AMOR. SEÑALES DE ALARMA

Tras muchos años de estudio de las relaciones de pareja, se ha llegado al consenso de que todas ellas atraviesan una serie de etapas similares, que se exponen a continuación. Se trata de un camino que recorren juntos los miembros de la pareja. Si logramos ir pasando de etapa correctamente, es decir, si somos personas conscientes, que hablamos de las dificultades que experimentamos y aprovechamos para compartirlas y así seguir creciendo y fortaleciéndonos, nos haremos cada vez más cómplices y nuestro vínculo será cada vez más sólido y fuerte (sin ser esto un indicativo de que vaya a durar para siempre, pues ya sabemos que esto es imposible saberlo).

Por otro lado, en cada una de estas etapas pueden aparecer determinados indicativos de que vamos a acabar sufriendo. Si aprendemos a identificarlos, tal vez nos podremos ahorrar grandes dosis de malestar.

En definitiva, comprender estas etapas puede ayudarnos a entender mejor qué es lo que ocurre o qué necesitamos en determinados momentos y, cuáles son las señales que nos indican que por nuestro bien debemos alejarnos, para así, prevenir posibles rupturas.

Enamoramiento

A esta primera etapa la llamo «de locura transitoria» porque es como si nos volviéramos un poquito locos. De repente nuestro mundo deja de tener interés más allá de la otra persona. Todo gira en torno al otro, que a su vez nos parece el más fantástico y maravilloso de los mortales. Le vemos perfecto y lo que más nos apetece es estar juntos y tener intimidad para dar rienda suelta a nuestros incontrolables sentimientos. Dejamos de ser «tú y yo» para ser «nosotros», dejamos de ser dos para ser uno.

Esta etapa tendría que ser siempre maravillosa, fantástica, sin quejas importantes. Es cierto que, en parte, esto se debe a que no vemos al otro con la claridad que deberíamos; hay una profunda tendencia a minimizar sus defectos o a quitarles importancia y pensar que eso ya se modificará o que no va a repetirse más. Se trata de una en que tendemos a idealizar la relación, ya que la vivimos con suma intensidad. Todo lo que nos pasa y lo que experimentamos lo recordaremos en el futuro como si hubiera sido perfecto (a pesar de que en muchísimos casos, uno se da cuenta con el tiempo de que la realidad no tuvo nada que ver con la película que nos hemos repetido tantas veces en la mente). Puede que sí, pero también puede que no.

Lo que está claro es que lo correcto, lo que sí debería ser esta etapa es un período en el que casi todo está bien. Así es como debería ser y como es en los casos de relaciones que son sanas y que con el tiempo van creciendo y se van fortaleciendo. Lo digo porque muchas veces hay personas que están sufriendo muchísimo y te dicen:

—Ya, pero es que al principio no era así.

—Claro, por supuesto que no, porque el principio es un paréntesis en la historia de la relación, o deberíamos ponerlo dentro de un paréntesis, porque durante esa etapa no acabamos de estar con los pies sobre el suelo firme —les respondo yo siempre.

No podemos tomar la etapa del enamoramiento como referencia, porque lo normal es que haya sido bonita. Lo importante de verdad es lo que ocurre y lo que sale a la superficie una vez se ha superado esta etapa.

Por otro lado, y con esto sí que deberíamos vigilar muchísimo, es con las señales que aparecen durante esta primera fase y que sí son claros indicativos de que acabaremos pasándolo muy mal. Algo importante no va bien si a causa de la otra persona acabamos sintiéndonos mal en nuestro interior en vez de estar absolutamente pletóricos y felices fruto del enamoramiento, si en esta etapa se producen conductas o episodios con los que ya sentimos que sufrimos o que hacen que lo pasemos mal, o si se dan situaciones que nos hacen sentir pequeños o nos dañan la autoestima.

Durante estos primeros meses de relación, que pueden oscilar entre tres meses y un año o año y medio, no deberíamos ver nada que nos haga cuestionar la relación, nada que choque con nuestros valores, que nos haga pasarlo mal. Si, por el contrario, nos vemos envueltos en alguna situación de ese tipo, será un claro indicativo de lo que vendrá a partir de ahí. Es muy probable que las cosas que nos duelan, por pequeñas que parezcan, se repitan, se magnifiquen y acaben por quitarnos el espacio que deberíamos destinar para el bienestar y el crecimiento.

Señales de alarma en esta etapa

Sonarán las alarmas cuando la persona de la que nos hemos enamorado aún no tiene cerrada la historia anterior con su expareja. Cuando al cabo de poco de entrar en esta fase de enamoramiento, la otra persona nos diga que no lo tiene claro y se eche atrás, lo cual nos dejará rotos por dentro. Cuando nos sorprendamos negativamente ante alguna conducta poco respetuosa o poco educada, ya sea hacia nosotros o hacia los demás; si en ese momento pasamos vergüenza o nos sentimos mal, es que algo malo está pasando. Cuando veamos conductas extrañas de ocultación, engaños o mentiras (ya guarde relación con el móvil, las redes sociales, las aplicaciones para encontrar pareja, los amigos, etcétera); muchas personas empiezan a salir con alguien que toma drogas, por ejemplo, y como ese hábito no les gusta, el otro lo oculta, quiere mantener una parte de su vida (nocturna) en privado o con los suyos para así estar tranquilo. Esto a la larga acaba siendo un problema importante.

Nunca deberíamos adentrarnos en una relación en la que le advertimos al otro que solo nos quedaremos con él o ella si nos promete que va a cortar con alguna adicción o conducta que consideramos tóxica o destructiva: adicción al tabaco, a la marihuana, a la cocaína, al alcohol, a la pornografía, etcétera. Hacer esto en esa primera etapa es un claro indicador de que la cosa va a ir de mal en peor. Es evidente, pero en raras ocasiones tenemos la capacidad de verlo. Digo que es evidente porque estamos hablando de adicciones (por mucho que la persona no admita que tiene un enganche), y para desengancharse de algo es imprescindible que haya un deseo interno, nacido de esa persona, de querer superarlo y dejar aquella conducta atrás para siempre. Y aunque nos duela escucharlo, por muy enamorados que estemos, el hecho de que sea otro quien se lo pida rara vez es suficiente para que lo desee con la fuerza necesaria.

Si uno no está convencido de querer hacerlo y lograrlo por sí mismo, a la primera discusión que tenga con su pareja no va a dudarlo y, por despecho o por rabia, va a recaer en su adicción sin pensarlo siquiera. Y luego la pareja le dirá: «Pero ¿por qué lo has hecho? Me prometiste que lo dejarías, dijiste que lo harías por mí», etcétera, etcétera, etcétera. Sin embargo, la cuestión es si uno va a dejar de drogarse porque el otro se lo pida. Fijémonos en que estamos hablando de alguien para quien drogarse no es malo, a quien le parece bien hacerlo de vez en cuando, o para quien fumar no es tan dañino, o lo es, pero no quiere darle tantas vueltas porque le gusta fumar, o para quien fumarse un porro cada noche antes de ir a dormir es bueno, ¡e incluso cree que le va bien! ¿Lo comprendéis? Si una persona está convencida de que drogarse cada noche antes de ir a dormir no es malo, sino que incluso es bueno, el hecho de que venga alguien a explicarle que eso no es así y le haga prometer que dejará de hacerlo está claro que no va a cambiar nada en absoluto. Y quien dice porros, dice alcohol, cocaína, tabaco o cualquier otro tipo de adicción.

Por lo tanto, lo que ocurre en esta primera etapa de la relación tendría que ser maravilloso porque si ya aquí vemos cosas que no queremos tolerar o permitir, y aun así decidimos seguir, vamos a quedar atrapados en una relación que muy pronto será tóxica.

Relación y vinculación

Cuando entramos en esta segunda etapa, que suele darse a partir del año y medio o los dos años (aunque en algunos casos puede llegar antes), ya ha pasado esa fase de locura y emociones llevadas al máximo exponente y todo vuelve a la calma. Con ello, poco a poco volvemos a ser tú y yo (y no todo gira en torno a nosotros), disminuyen los celos que podíamos sentir al inicio ante cualquier alternativa que pudiera poner en peligro o significar el fin del sueño que estábamos viviendo, y ya nos sentimos más seguros dentro de la relación.

Vamos viendo a la otra persona tal y como es, con sus virtudes y sus defectos, ya que siempre tiene que haber cosas que no nos gusten de nuestra pareja. Lo importante es que sintamos que a pesar de no gustarnos tanto, eso no nos altera demasiado, que no necesitamos que cambie alguna cosa o que sea diferente, que podemos aceptarlo e incluso llegar a convivir con ello.

Nos sentimos cada vez más compañeros, confidentes, amigos. La confianza se afianza más y la otra persona se convierte en nuestro mejor amigo. Esto solo ocurre si no ha habido ninguna decepción importante por su parte, en cuyo caso sería prácticamente imposible construir la base sólida de una profunda amistad.

Por el hecho de ir viendo al otro tal y como es aparecerán diferencias entre ambos, lo cual nos llevará (o debería llevarnos) a discutir. Las discusiones son muy buenas porque nos permiten hablar y conocer nuestros diferentes puntos de vista, y son una oportunidad para dar y recibir respeto y aceptación. Debemos poder expresar lo que pensamos y sentimos al tiempo que lo hace también el otro, sintiéndonos respetados y escuchados en todo momento. Podemos no estar de acuerdo, pero ambos creemos en lo que pensamos y merecemos el mismo respeto. Asimismo, con las discusiones aflora también nuestra habilidad para resolver conflictos, lo cual irá haciendo que nos vayamos conociendo y acercando más y que, si todo va bien, nuestro vínculo se vaya fortaleciendo.

Señales de alarma en esta etapa

Durante esta segunda fase, en la que se forja la amistad verdadera entre los miembros de la pareja, saltarán las alarmas cuando el otro nos falle o decepcione en algo que es muy importante para nosotros y para la relación; por ejemplo, descubrimos que nos ha ocultado algo que nos afecta claramente, como que aún está casado, que se sigue viendo con su expareja, que tiene alguna adicción, que sufre alguna enfermedad, o aspectos como cambios de trabajo, proyectos de futuro, la existencia de hijos, infidelidades, mentiras que nos incumben, dudas repentinas respecto a la continuidad de la relación, etcétera. Cuando sucede algo así en esta etapa, si se trata de algo que no podemos tolerar a causa de nuestros valores, deberíamos irnos por mucho que nos duela. Está comprobado que a la larga acaba siendo como un virus que siempre está presente, mirándonos y preparado para atacarnos en cuanto nos despistemos. Siempre estará ahí, siempre lo tendremos presente. Si, por el contrario, sentimos que podemos dejarlo atrás, que somos capaces de comprenderlo, de ponernos en el lugar del otro y entender por qué lo hizo, entonces podremos seguir, y aquello se irá difuminando cada vez más hasta incluso desaparecer entre los recuerdos amontonados de nuestro pasado.

Si sentimos que cada vez que hay una discusión pasamos muchos días mal porque nos sentimos dolidos y no respetados por el otro, esto también hará que nos vayamos distanciando inevitablemente.

Hacer sentir al otro que aquello que opina o comenta es ridículo o no es importante, cortarlo mientras está exponiendo su punto de vista, etcétera, debería ser intolerable. Y quiero insistir en ello porque las faltas de respeto ante una situación en la que no pensamos igual son muy frecuentes en demasiadas relaciones y no hay que acostumbrarse a ello, ni dejarlo pasar, ni mucho menos verlo normal o poco importante. Es muy grave y, como digo, pasa demasiado.

Convivencia

Esta es también una etapa muy importante en la evolución y el crecimiento de una relación de pareja. Y es muy importante porque el hecho de convivir con alguien nos permite acabar de conocerle de verdad, a un nivel incluso más profundo: sus hábitos, sus manías, su verdadero rostro tras quitarse la máscara con la que se relaciona en el exterior y dejar así al descubierto cada una de sus imperfecciones y cicatrices.

Cuando llegamos a ese punto, es porque ahí se ha forjado una confianza y porque nos sentimos cuidados, protegidos y bien tratados junto a la otra persona. Nos sentimos seguros en esa relación. Decidimos convivir porque queremos empezar a construir, o así debería ser. Esto, por supuesto, implica adentrarnos en un proceso de aceptación aún mayor por todo lo que la convivencia implica: cómo distribuimos el espacio de cada uno, cómo organizamos y mantenemos el espacio común, las obligaciones de la casa, la limpieza, las comidas, los descansos, las noches, los despertares, etcétera. Debemos sentir que hay armonía en todos estos aspectos y que vivimos la relación y la vida en común desde la más absoluta facilidad. Así es como tiene que ser, al contrario de lo que muchos acaban pensando.

También es extremadamente importante que sepamos hacia dónde queremos ir cada uno y que sintamos que tenemos los mismos objetivos, que nos entendemos y valoramos las mismas cosas, que hablamos el mismo idioma. Que podemos ir en esa dirección los dos juntos, de la mano, con objetivos comunes y otros más personales. Que podemos acompañarnos, que deseamos acompañarnos y ser acompañados. Esto generará entre nosotros una necesaria sensación de paz, armonía y bienestar que fortalecerá aún más el vínculo.

Señales de alarma en esta etapa

Una señal de alarma importantísima que jamás deberíamos pasar por alto es la que se activa cuando uno se muestra ante el otro tal y como es, con sus cicatrices más profundas y sus partes más vulnerables, y el otro, en lugar de mostrarnos el máximo cuidado, cariño y respeto, nos daña o aprovecha para utilizar aquello que tanto nos duele para causarnos aún más dolor. Esto debería ser motivo suficiente como para irnos sin volver la vista atrás. Una vez es más que suficiente. Nuestra pareja es quien más tiene que cuidarnos en ese sentido, y debemos sentir que es quien más nos protege y evita siempre que puede nuestro dolor. Nunca lo contrario.

Si tras decidir ir a vivir juntos, nos conocemos en más profundidad y nos damos cuenta de que hay cosas que no toleramos, que no nos gustan o por las que incluso sentimos un verdadero rechazo, debemos preguntarnos si son aspectos que el otro ha aprendido o si están en su manera de ser, en su esencia o su personalidad. Está claro que ante cada conflicto que haya entre los dos, si sabemos resolverlo correctamente, nos iremos acercando un poco más, y ese acercamiento hará que se refuerce nuestro vínculo. Pero cuando esto no sucede, cuando el proceso de adaptación natural no fluye entre nosotros, en vez de irnos moldeando mutuamente, se va produciendo una separación cada vez mayor que nos distancia y nos va debilitando como pareja.

Se encenderán también las alarmas si con el paso del tiempo vemos que, en realidad, no tenemos objetivos, ya sea a nivel personal o en común, que no miramos en la misma dirección. Aunque a lo mejor al inicio no quisimos verlo o no lo vimos, puede que ahora nos demos cuenta de que no nos gustan las mismas cosas o de que esperamos siempre algo diferente del otro, otras conductas, otras actitudes, otras reacciones, otra energía, otras ganas, otra implicación, otro nivel de esfuerzo, otros cambios, etcétera.

Otra alarma es si sentimos que en realidad estamos juntos y convivimos porque así nos hacemos compañía, tal y como pasa en numerosas ocasiones (principalmente a partir de los cincuenta), y ya lo hemos intentado todo para generar cambios, pero la otra persona no ve dónde está el problema, por lo que somos nosotros quienes tenemos que tomar una decisión, debemos preguntarnos si aquello nos compensa de verdad. Podemos hacerlo respondiendo a las siguientes preguntas:

* ¿Siento paz la mayor parte del tiempo cuando estoy en casa y la otra persona también está, cuando le veo en casa, cuando pienso en lo que estará haciendo?
* ¿Me siento satisfecho cuando pienso en la relación que tenemos? Honestamente, ¿ya me va bien o querría que fuera diferente?
* Tal vez no es lo que quiero, pero ¿es suficiente para mí en este momento?
* ¿Me conformo con ser simples compañeros de piso, con hacernos compañía?

Si veo que mi respuesta es afirmativa a la mayoría de las preguntas, es porque ya estoy bien allí. Si, por el contrario, no lo veo bien o no me acabo de sentir a gusto con la situación que hemos creado es porque por mucho que quiera autoconvencerme de que aquello ya me gusta o ya me va bien, no lo voy a conseguir, y sentiré cada vez más ansiedad y malestar.

Autoafirmación

Tras los primeros tres o cuatro años de relación, es frecuente entrar en esta etapa que llamamos de autoafirmación, porque aparece una cierta necesidad de llevar a cabo determinados intereses personales que no tienen por qué coincidir con los de la otra persona. Evidentemente, es muy importante que sigamos teniendo espacios en común y dándoles prioridad, pero también será necesario que desarrollemos estrategias para poder dar espacio a esos intereses personales en los que, en la mayoría de los casos, no está involucrado el otro.

Puede ser la necesidad de quedar con los amigos para jugar a fútbol o ir a cenar con las amigas una vez al mes, o espacios para ir de compras, asistir a charlas filosóficas o acudir a seminarios de física nuclear. Pueden ser millones de cosas y de intereses personales, pero lo importante es que la persona no sienta que carece de espacio para ellos, ya que de ser así, se irá agobiando cada vez más hasta caer en una depresión, o puede que sienta que no tiene aire y que necesita salir de la relación.

Si la pareja es mínimamente consciente y madura, podrá entender la situación y respetará que el otro goce de ese espacio personal que tanto necesita. Si, por el contrario, la pareja tiene una autoestima demasiado baja, puede interpretar la situación como un intento de abandono, cuando el otro no tiene ningún interés en dejar la relación. Puede que se sienta menos querido o menos importante, pero al fin y al cabo, debe darse cuenta de que cuando uno tiene una relación sana, es muy importante que deje espacio al otro para volar, sabiendo así que si hace actividades por su cuenta pero regresa, es porque la relación le sigue compensando.

Al fin y al cabo, no hay que perder de vista que la finalidad de esta etapa es que nos permite madurar individualmente para así sentirnos más completos y seguros de nosotros mismos, al tiempo que aportamos este crecimiento a la relación de pareja y permitimos así que esta siga madurando.

Señales de alarma en esta etapa

Suenan las alarmas cuando uno de los dos siente que necesita espacio, lo propone, exponiendo sus sentimientos y necesidades, y la otra persona automáticamente entra en drama y no logra comprenderlo. Si en este punto, el que necesitaba espacio cede y renuncia a él, estarán entrando en una guerra de la que con el tiempo es imposible recuperarse como pareja. Irá dejándose a sí mismo de lado, irá perdiendo su esencia, se irá apagando día a día, se irá deprimiendo y dejará de ser la persona de quien el otro se enamoró.

También puede ser que uno sienta que quiere espacio y al no saber definir qué le pasa, empiece a alejarse del otro sin dar las explicaciones necesarias o sin que el otro pueda comprender a qué se deben esos cambios repentinos. No olvidemos que la comunicación es uno de los elementos más importantes en toda relación de pareja y no hay nada que nos genere tanto estrés y tanta ansiedad como el hecho de no comprender qué le sucede a la otra persona, el hecho de no entender los porqués.

Evidentemente, también existe la posibilidad de que la otra persona nos pida espacio para sí misma, pero que desee ese espacio para realizar determinadas actividades que nosotros no estamos dispuestos a tolerar o que no nos parezcan coherentes o respetuosas hacia nuestra persona. Si lo que el otro necesita, sea lo que sea, choca con nuestros valores, no debemos aceptarlo. Si lo hacemos, estaremos dirigiendo igualmente la relación hacia el fracaso inevitable y, además, sufriremos mucho. Lo podríamos evitar negándonos y cortando aquí. Si lo dejamos pasar, entramos en el espacio de enganche-discusión-quejas-reconciliaciones-engaños-manipulaciones. Como podéis imaginar, un auténtico infierno que deberíamos intentar evitar a toda costa.

Pero ¡cuidado con esto! Que no lo aceptemos no significa que tengamos que prohibírselo, ni mucho menos ponerle ultimátums, ya que no debemos perder de vista el hecho de que estar con alguien es una elección que hacemos día a día. Debemos permitirle ser quien es, debemos dejarle espacio para ser como es. Sin límites, sin prohibiciones. Y es la otra persona la que siendo libre, se mostrará natural, tal cual es. Y es entonces cuando veremos al otro real que tenemos al lado y cuando nos tendremos que preguntar si le seguimos eligiendo. Si nos gusta todo lo que vemos, si nos sentimos orgullosos de estar con esa persona y por eso deseamos seguir allí. Prohibir es despertar el deseo y la necesidad, por lo que nunca es una buena estrategia, os lo aseguro.

Debemos poder plantear lo que sentimos y lo que necesitamos. Y si ambos tenemos claro dónde están nuestros límites o qué es lo que no estamos dispuestos a permitir (ya que nos haría entrar en un terreno en el que se acabaría el amor y empezaríamos a sufrir), y lo respetamos en todo momento, pasará lo que tenga que pasar, pero al final todo irá bien y será para mejor.

Colaboración

Si logramos superar con éxito la etapa de autoafirmación, significa que hemos alcanzado un grado aún mayor de madurez en la relación, lo cual, sin duda, favorece a la pareja. Aquí entramos en una fase de reencuentro con el otro, aparecen nuevos proyectos en común que nos apetece mucho compartir. Planificamos y proyectamos objetivos y metas a corto, medio y largo plazo, que a ambos nos ilusionan y nos activan el entusiasmo. Nos volvemos a sentir vivos estando juntos, volvemos a vibrar en la relación.

Si los miembros de la pareja seguimos siendo compatibles, en esta etapa podemos crecer muchísimo y fortalecer aún más el vínculo entre nosotros. La inseguridad que tal vez sentíamos en algún momento de la etapa anterior cuando necesitábamos cierto espacio personal da paso a un mayor grado de confianza y comodidad que nos lleva a un mayor deseo de estar juntos, de tener intimidad y de compartir. Volvemos a sentirnos seguros, más tranquilos y motivados.

Señales de alarma en esta etapa

Si llegados a esta etapa no nos reencontramos, si sentimos que estamos cada vez más lejos el uno del otro o que no hemos encontrado nuevos objetivos en común para poder proyectarlos juntos hacia un futuro compartido, es posible que la relación se esté acabando. De todas formas, incluso en estos casos, si ambos lo vemos y lo hablamos, y estamos dispuestos a trabajarlo para ver si podemos reconducirlo, siempre podemos ver si hay esperanza. Si decidimos pedir ayuda para que nos enseñen estrategias para recuperar nuestro rumbo juntos, puede que no sea tarde. Pero eso sí, sin ayuda, y si es solo uno de los dos el que se da cuenta de ello mientras que el otro insiste en que no pasa nada, la relación irá directa al precipicio.

También puede ser que pidamos ayuda y que en pocas sesiones nos demos cuenta de que ya no hay nada que hacer. Cuando en determinados momentos lo vemos claro, ya sea porque alguien nos ayuda a verlo desde otra perspectiva o porque, sencillamente, nos enfrentamos a nuestros miedos y aceptamos lo que hay, es porque está claro y porque ya no hay más opciones que la de irse de allí.

Adaptación

Si hemos llegado a esta etapa, significa que hemos atravesado las anteriores y que nuestra relación tiene una base sólida, que en principio nos va a permitir soportar los golpes que la vida nos depare a partir de ahí. Puede que ya hayamos atravesado unos cuantos, pero si no, al entrar en la mediana edad, aparecerán épocas y experiencias que nos alterarán inevitablemente: menopausia, andropausia, enfermedades propias o de familiares cercanos, muertes de seres queridos, aparición de terceras personas por las que nos sentimos seducidos y deseados, etcétera.

Tendremos que enfrentarnos a cada una de las situaciones que nos toque vivir, mientras caminamos por encima de aquellos cimientos sobre los que hemos ido construyendo la relación. Puede que lo superemos, o puede que acabe rompiéndose el vínculo. En cualquier caso, en principio, el objetivo es siempre mantenernos juntos, seguir buscando nuestro equilibrio después de cada golpe inesperado de la vida, volver a ponernos en pie, darnos la mano otra vez y seguir caminando. Y es importante que, pase lo que pase, sigamos sintiendo que cada uno somos útiles e importantes tanto para nuestra pareja como para el resto de la sociedad. Aportar algo, ayudar de alguna manera a alguien es lo que, al final, da verdadero sentido a nuestra existencia como seres humanos.

Señales de alarma en esta etapa

Está claro que las señales de alarma en la etapa de adaptación serán aquellas que pongan directamente en riesgo la relación. Por ejemplo, suele ser frecuente la aparición de terceras personas, que se cuelan entre nosotros por alguna grieta que ha salido por no estar lo suficientemente pendientes el uno del otro. Puede ser que aparezca una mujer u otro hombre más joven. Puede ser que simplemente nos guste sentirnos deseados, sentir que aún gustamos, sentir las mariposas en el estómago que tras la etapa inicial de enamoramiento nunca más volvimos a sentir. Puede que nos dejemos llevar y cometamos alguna infidelidad, ya sea sin intención de romper nuestra relación de pareja o, si el enamoramiento es muy fuerte y nos hace perder el norte, optando por romper con todo lo que hemos construido hasta ese momento.

Otra señal de alarma es cuando vemos que nuestra pareja, de repente, empieza a cuidarse mucho más. Se apunta a un gimnasio o empieza a salir en bici todos los fines de semana, adelgaza en poco tiempo lo que nunca había conseguido adelgazar, se vuelve presumida, se obsesiona con alguna actividad nueva que está haciendo y de la que apenas nos explica, empieza a estar muy pegada al móvil cuando nunca lo había hecho, etcétera. Generalmente, estos cambios repentinos acostumbran a ser provocados por la aparición de alguien más, que produce una reactivación inmediata del deseo que tal vez habíamos perdido.

Una vez más, en este caso debemos tener claro dónde están nuestros límites y hasta dónde podemos comprender al otro, tener paciencia o poner un punto y final.

CAPÍTULO 5

HERRAMIENTAS PARA DEJAR DE SUFRIR POR DESAMOR

Me imagino que esta es la parte del libro que la mayoría estáis esperando. Ya tenemos claro que casi nunca se sufre por amor, pero aunque no sea por amor, lo cierto es que sufrimos, y esto, al final, es lo único que importa. Y dado que sufrimos y que la educación que hemos recibido no nos ha dado ninguna pauta sobre el tema del amor y el desamor, he creído oportuno intentar exponer las herramientas que he podido comprobar que nos llevan a la liberación emocional.

No perdamos de vista que nuestro primer objetivo es liberarnos de las cadenas emocionales que arrastramos cada vez que una relación no sale como esperábamos, cada vez que tenemos que enfrentarnos a una ruptura no deseada o cada vez que tenemos que atravesar las duras etapas de un proceso de duelo. Y las llamo «cadenas emocionales» porque así es como lo siente quien lo vive; como si tuviera que arrastrar con su cuerpo un ingente peso, como si le costara un mundo enfrentarse a su día a día, partido en dos por el golpe de la ruptura. Y sentimos que con esa ruptura o ese desengaño se rompen también nuestros sueños más importantes y nuestras mayores expectativas de un futuro mejor, acompañados y felices.

En general, los seres humanos somos amantes de la rutina y de nuestra querida zona de «confort», que a menudo no es realmente cómoda y confortable, sino todo lo contrario. Sin embargo, antes que enfrentarnos a un cambio, preferimos quedarnos allí, aunque sea sufriendo lo peor.

Por lo tanto, vamos allá, veamos cuáles son las herramientas que nos ayudan a dejar de «sufrir por (des)amor».

Olvida la idea de que estás allí «por amor»

La idea/pensamiento/creencia que tenemos acerca de por qué sufrimos es una de las principales causas de ese sufrimiento. En la mayoría de los casos, esa creencia es siempre la misma, que estamos sufriendo por el gran amor que —creemos que— sentimos: sufro porque «le quiero mucho»; lo paso mal porque «le quiero»; me ha engañado y no puedo entenderlo, pero es que «le quiero tanto», etcétera. Este tipo de pensamientos son como anclas muy fuertes y pesadas que nos impiden salir de ese pozo sin fondo. Lo pensamos, lo verbalizamos cuando hablamos con los demás y nos lo decimos a nosotros mismos, y cuanta más fuerza les damos a esas ideas, mucho más difícil se nos hace el proceso, más cuesta arriba lo sentimos y más imposible lo vemos.

No hay duda, pues, de que una de las primeras cosas que debemos hacer es cargarnos esa idea absurda, enfermiza y profundamente dañina para nosotros. Es importante tomar conciencia de cuál es la realidad de lo que estamos viviendo, sin filtros. Debemos repetirnos una y mil veces que eso no es amor. Y cuando no hay amor, no podemos querer.

Lo estamos pasando mal, estamos sufriendo, creemos que nuestra vida está perdiendo sentido o que nos estamos vaciando por dentro hasta el punto de no quedar ningún motivo para seguir. Pero puedo asegurar que todo esto jamás va unido al amor. El ser humano no puede amar cuando ya no le aman. Por ello, lo primero que debemos hacer es asumir esta realidad. Dejemos de decirnos lo que no es cierto, ya que no nos ayuda ni nos lleva a estar mejor.

En mi libro *Autoestima automática* hablo de la teoría del PEC (pensamiento, emoción, conducta), la cual me parece imprescindible para comprender la importancia de dejar de decirnos este tipo de mensajes que, a pesar de todo, son mentira. Esta teoría postula que lo primero que surge en nosotros es siempre un pensamiento («me siento así de mal porque le quiero mucho»), el cual hará que se activen unas emociones determinadas que estén en sintonía con él (emociones de tristeza, frustración, impotencia, urgencia por hacer que aquello vaya bien sea como sea, ansiedad, depresión, etcétera). Estas emociones serán el motor que nos moverá a actuar y a adoptar una conducta determinada (suplicar que nos den otra oportunidad, arrastrarnos perdiendo por completo nuestra dignidad, tolerar conductas intolerables, permitir cosas que no deberíamos permitir o acabar convirtiéndonos en alguien más con el único objetivo de que aquello no acabe), lo cual estará también en sintonía con el pensamiento y con las emociones.

Así pues, al analizar el sufrimiento desde la teoría del PEC, nos damos cuenta de que para dejar de sentirnos mal y de sufrir, lo más urgente y primordial es cambiar el pensamiento o los mensajes que nos decimos a nosotros mismos. No sufrimos por lo que nos sucede, sino por lo que nos decimos acerca de aquello que nos sucede.

En este tipo de situaciones en las que creemos sufrir por amor, alimentamos en nuestra mente diferentes mensajes, pero hay uno que es el rey indiscutible, el que lo justifica todo y el que siempre está en boca de todos los que viven algo así. Se trata de una idea que no dejamos de repetirnos y de alimentar, la idea de que aún hay amor.

PREGUNTAS PARA TOMAR CONCIENCIA

¿Cuáles son los pensamientos que te dices a ti mismo sobre la relación?

....

....

....

....

....

....

....

¿Qué recuerdos son los que reproduces con mayor frecuencia? ¿Te repites los buenos, o intentas recordar los malos para así no sufrir tanto por la pérdida?

....

....

....

....

....

....

....

¿Qué te dices respecto a lo que ha sucedido?

....

....

....

....

....

....

....

¿Sientes que tu pensamiento es tu aliado o que es, más bien, tu enemigo por cómo te hace sentir?

....

....

....

....

....

....

....

Escribe tus respuestas y reflexiona un momento sobre ellas. Así tomarás conciencia de si debes cambiar los pensamientos con los que estás funcionando.

Para intentar cambiar esos pensamientos podemos hacer una lista de cada una de las situaciones que hayamos vivido con esa persona en cuestión y que nos hayan hecho sufrir. Intentemos esforzarnos, hagámoslo en un lugar tranquilo para poder cerrar los ojos y echar la vista atrás. Habrá cosas más recientes y otras que irán apareciendo a medida que vayamos tirando del hilo de los recuerdos.

A continuación, imaginemos que cada una de esas situaciones las vive con su pareja nuestro mejor amigo o alguien muy importante para nosotros. ¿Lo veríamos más grave entonces, comparado con cómo lo vemos cuando nos sucede a nosotros? ¿Nos sentiríamos bien viendo que esa persona vive situaciones como esas? Si somos honestos, la respuesta será seguramente negativa. Responderemos que no será agradable ver a otra persona pasando por eso, porque si esas experiencias nos hacen sufrir, también tenemos claro que harán sufrir a los demás, y si encima se trata de personas queridas, nos dolerá aún con más intensidad.

A partir de aquí, intentemos crear frases que pensemos que son más acordes a la realidad que tenemos que ir aceptando (aunque en el fondo sepamos que aún no estamos preparados para aceptar según qué final). Aquí van algunos ejemplos de frases que nos ayudarán a consolidar la realidad:

«Ahora, simplemente ya no es. Se acabó para siempre. Él/ella sigue su vida y yo debo seguir con la mía».

Al principio, ante estos mensajes sentiremos una mezcla de gran rechazo e inmenso dolor, pero es recomendable que no los escondamos. Al contrario, podemos llenar la casa de post-its con las frases para que sean recordatorios permanentes. Ya sabéis que soy fan de llenar la casa de mensajes porque es la manera de mantener a nuestro cerebro «a raya». Así nos aseguramos de que trabaje con la información adecuada para conducirnos a una rápida mejora.

Si se trata de alguien con quien aún seguimos en la relación, lo importante es que no utilicemos el amor (ni una sola vez) para justificar situaciones injustificables, ya sean claras faltas de respeto que provoquen un gran daño a nivel psicológico, o la sensación de irnos haciendo cada día más pequeños hasta que no seamos capaces de recordar quiénes somos o hacia dónde queríamos ir.

Deja de revivir el pasado

En estos casos, rebobinar el pasado que añoramos y revivirlo en la pantalla de nuestra mente una y otra vez es tan dañino que roza la crueldad, así que tenemos que cortar con ese hábito, quitarnos de las manos ese aparato reproductor para dejar de tener la cinta a nuestro alcance. Y quien dice «revivir» dice «inventarlo», porque a veces aquello sí que ocurrió en el pasado y fue bonito, pero en muchas ocasiones rescatamos ciertos momentos concretos de muy al principio de la relación que si los viéramos de nuevo en el plano real, nos daríamos cuenta de que ni siquiera fueron así. Son recuerdos sesgados y reconstruidos a medida, partiendo de lo que querríamos ver o de lo que desearíamos que hubiera sido en realidad.

Y es que ese reproductor mental nunca descansa. Si lo pensamos durante el día, también lo pensaremos durante la noche y en nuestros sueños, y así lo único que conseguiremos es mantener aquello vivo y presente. Cuando alguien está sufriendo por algo que ya no es, o sigue soñando con algo que cree que algún día será, se alimenta únicamente de imágenes y vídeos reeditados a su propia conveniencia, y ese hábito se convierte en algo casi obsesivo, enfermizo. De alguna forma, muchas veces nos recluimos y buscamos cada vez más momentos de soledad para acurrucarnos y volver a ver esas imágenes. Nos destroza, nos desgarra, pero es como si encontráramos placer en ese sufrimiento. El placer que sentimos al engañarnos, al evitar decirnos cosas que odiamos y enfrentarnos a la irreversible realidad: que ya no nos quieren, que están con otra persona, que si nos quisiera, no nos trataría así, que ya no está, que eso no es lo que nosotros queremos realmente, que debe acabarse, que se acabó, que tenemos que ponerle fin. Para siempre.

Acepta la inevitabilidad del cambio

Para poder vivir relaciones más conscientes, maduras y realistas, es necesario enfatizar la idea de que el cambio es inevitable en absolutamente todo; incluso es inevitable que cambien nuestros propios sentimientos, así como lo que sienten los demás.

Es cierto que a los seres humanos nos resulta muy fácil generar apegos. Nos apegamos a todo, a un bolso, a un trabajo, a nuestros familiares, a un nivel de vida, etcétera, y vivimos como si aquello no fuera a desaparecer nunca. Ni nos planteamos la posibilidad de perderlo o de que desaparezca de nuestras manos. La mayoría de nosotros nos sentimos más cómodos con las rutinas, con lo conocido, en la mencionada «zona de confort». Sin duda somos así. Pero nos guste o no, todos en algún momento nos veremos obligados a salir de allí porque nuestra vida va a sufrir cambios en un sentido u otro que nos empujarán hacia fuera de esa zona, hacia lo nuevo, lo desconocido, lo que tanto tememos. Pueden cambiar nuestras relaciones, nuestros sentimientos, nuestros bienes materiales, nuestra salud, todo. Y los cambios van asociados a pérdidas. Cada vez que hay un cambio en nuestra vida, eso implica que algo ya no vuelve a ser como era hasta ese momento, se pierde, y como en toda pérdida, debemos hacer un proceso de duelo. Así que todo cambio conlleva un duelo.

Algunas personas pasan por ese proceso con más facilidad que otras y logran llegar con menos problemas a la aceptación de esa nueva realidad, que es la última etapa de todo proceso de duelo que se hace correctamente, esa en la que uno siente que puede soltar aquello que ya no es, dejarlo ir y quedarse en paz. Esas personas asumen que no tienen el control de todo lo que les sucede y que deben aprender a lidiar con los cambios que no están en sus manos. Esos que no pueden evitarse. Esos de los que nunca vamos a estar lo suficientemente protegidos. Esos que, queramos o no, van a suceder inevitablemente.

Todo lo que nos dan y lo que conseguimos lo perderemos. Todo. En realidad, no hay nada que sea nuestro. Es como si la vida nos lo prestara para que lo disfrutemos mientras lo tengamos. Si asumimos este hecho, estaremos más preparados, y a la hora de superar la pérdida, dolerá, pero el dolor no será igual.

A lo largo de los siglos, muchos filósofos y figuras excepcionales han afirmado que todo en el universo está permanentemente sometido al cambio. Heráclito afirmaba en la Grecia del siglo VI a. C.: «Todo fluye, nada permanece. Lo único constante es el cambio»; lo ejemplificaba diciendo que nadie puede bañarse dos veces en el mismo río. Y es que si pensamos en ello, sabiendo que todo cambia, sería raro pensar que las diferentes sociedades humanas, desde la mera pareja hasta los propios países, no sufrieran también cambios en encuentros y desencuentros, ya se realicen de forma amistosa o traumática.

Por lo tanto, como todo cambia, también cambiamos nosotros, todos sin excepción, y en consecuencia, también lo harán, o pueden hacerlo, nuestros sentimientos. Es inevitable. No se trata de «si cambiamos», ni de «en el supuesto caso de que cambiemos». No. Se trata de que todos «vamos a cambiar» sí o sí, seamos conscientes de ello o no. Cambiaremos a todos los niveles, incluso a nivel psicológico, porque vamos sumando experiencias, vivencias, sentimientos, emociones, relaciones, dificultades, etcétera, que inevitablemente nos van transformando.

Cuando estamos en una relación, si este cambio lo hacemos los dos en la misma dirección y a la misma velocidad, manteniendo unos mismos valores o cambiándolos a la vez por otros similares, podremos seguir juntos construyendo una relación armoniosa y feliz. De no ser así, tarde o temprano la relación tendrá que acabar.

Y ante esta clarísima evidencia, conocida desde hace ya siglos, ¿qué hace la mayoría de nosotros? Pues cerrar los ojos ante la altísima probabilidad de que se produzcan cambios. Si pensamos en ello, sentimos una inseguridad tan grande que inconscientemente decidimos mirar hacia otro lado. No queremos aceptar la realidad que implica esta evidencia: que las promesas de compromiso no significan nada a largo plazo. Y esto no quiere decir que no haya relaciones cuyos miembros se prometen y se comprometen, y cumplen sus deseos de estar juntos durante el resto de sus vidas, pero si tenemos en cuenta la manera totalmente errónea con la que elegimos a nuestras parejas, tenemos muchas probabilidades de que no sea así. De todos modos, nosotros preferimos autoengañarnos nos porque creemos (falsamente) que al comprometernos para toda la vida, seremos más felices, aunque la realidad no sea así para nada.

Me encanta la comparación que hace Zygmunt Bauman en este fragmento que cito de su maravilloso libro *Amor líquido*, en el que justo habla de la impermanencia de las relaciones:

> «Por supuesto, una relación es una inversión como cualquier otra, ¿y a quién se le ocurriría exigir un juramento de lealtad a las acciones que acaba de comprarle al agente de Bolsa? [...] Los tenedores de acciones que valen la pena (y atención: los tenedores de acciones solo tienen acciones, y uno siempre puede soltar lo que tiene) leen cada mañana en primer lugar las páginas del diario dedicadas a la Bolsa para descubrir si es el momento de seguir conservándolas o de venderlas. Y lo mismo vale para las relaciones. Solo que en ese caso no existe la Bolsa y nadie hará por usted el trabajo de evaluar las probabilidades (a menos que contrate un consejero experto, del mismo modo que contrata un agente de Bolsa experto o un contador, aunque en el caso de las relaciones, innumerables programas testimoniales y "dramas de la vida real" intentan hoy ocupar el lugar del asesor experto). De modo que usted tiene que hacerlo, cada día, por sí solo. Si comete un error, se le negará el consuelo de echarle la culpa al hecho de haber sido erróneamente informado. Deberá estar constantemente alerta. [...] "Estar en una relación" significa [...] una perpetua incertidumbre».

¡Estoy totalmente de acuerdo! Fijaos en que la mayoría de las veces elegimos a alguien y empezamos una relación porque así mitigamos nuestra inseguridad y nuestro miedo a estar solos, y estamos convencidos de que junto al otro nos sentiremos más seguros, tranquilos y satisfechos, y todo irá mejor. Pero luego resulta que una vez en la relación, en muchos casos lo único que vemos es que nuestros síntomas empeoran. No lo entendemos, pero nos sentimos aún más inseguros que antes, porque lejos de lo que habíamos imaginado, nos damos cuenta de que, en el fondo, estar en una relación de pareja no es seguridad de nada, y empezamos a sentirnos cada vez más temerosos y vulnerables ante la idea de que aquella persona pueda decidir irse algún día. Uno puede querer, pero siempre está expuesto a que el otro deje de amarle o encuentre a otra persona que considere mejor y quiera soltarse del vínculo. Y entonces nos planteamos: «¿Tal vez me sentía más seguro y estaba más tranquilo cuando estaba solo?». Pero dejamos la pregunta en el aire porque no estamos dispuestos a investigarla de una manera más profunda. Nos da miedo la posibilidad de llegar a la conclusión de que antes estábamos mejor y de volver a quedarnos solos.

Al final, todo acaba desembocando en el mismo punto. Creo que todo el sufrimiento que experimentamos se debe principalmente a dos aspectos concretos: por un lado, los grandes esfuerzos que hacemos para evitar el cambio, debidos, por otro lado, a las enormes dificultades que sentimos para gestionar y sobrellevar las pérdidas.

Insisto en que debemos tener claro que todo cambio en nuestra vida implica atravesar un proceso de duelo, y al igual que nos cuesta pasar por ese proceso cuando muere alguien, cuando se trata de una pérdida que no es por muerte, en muchos casos lo vivimos con la misma intensidad. Además, debemos tener en cuenta que cuando el fin de la relación no es deseado, aún es más profundo el sufrimiento que sentimos por esa pérdida. No se trata de que la vida nos lo quite, de que sufra una enfermedad, un accidente, etcétera, ya que en esos casos, al no depender de la otra persona ni ser una decisión tomada por ella, nos genera rabia, pero sabemos que son situaciones que ninguno de los dos podemos gestionar o controlar. No obstante, cuando la otra persona decide que no quiere seguir a nuestro lado a pesar de poder hacerlo y a pesar de que nosotros queremos que esté con todas nuestras fuerzas, eso, además de rabia e impotencia, nos genera sentimientos encontrados de frustración e incredulidad, y en muchos momentos, experimentamos una negación tan grande en nuestra mente que incluso puede parecernos que estamos soñando o que todo es una simple broma macabra de la vida. Nos negamos a creérnoslo, es demasiado fuerte y chocante para nosotros como para poder sobrellevarlo con entereza. Sin embargo, en último término, se trata de un cambio más que nos toca vivir en nuestra vida.

Así pues, aprendamos a amar el cambio, a abrazarlo, a conversar con él. Cuanto más miedo nos dé y más lo veamos como un enemigo, teniendo en cuenta que jamás podremos alejarlo ni desprendernos de él, peor nos irá y peor lo pasaremos cada vez que, inevitablemente, tengamos que enfrentarnos a otro suceso en el que él sea el protagonista.

Cambia tus creencias tóxicas

Antes hemos mencionado las creencias más comunes que hemos aprendido al crecer, ya sea con el ejemplo directo de nuestros padres o con sus mensajes y consejos equivocados, y las hemos identificado como la causa de que acabemos sufriendo en la mayoría de las relaciones de pareja. Por este motivo, es necesario que uno de nuestros principales objetivos a partir de ahora sea tomar más conciencia de cuáles son las creencias con las que, queriendo o sin querer, nos han educado, y aprender a pensar de otra forma en el amor, cambiar nuestra manera de entenderlo y enfocarlo, porque si hasta ahora nos ha llevado a acabar sufriendo así, es porque, evidentemente, no lo hemos concebido de la manera correcta.

¿Cómo conseguirlo? Está claro que primero habrá que hacer un esfuerzo, lo cual implica tratar de abrir nuestra mente y hacernos preguntas, cuestionarnos aquello que pensamos o aquello que nos parece bien o mal, preguntarnos sobre aquello que nos hace sufrir o que más nos perturba. No se trata de juzgarnos, sino de interrogarnos para descubrir qué hay en nuestro interior, detrás de las creencias previamente instaladas.

De entrada, debemos comprender que para llegar a ser realmente felices es necesario que sintamos que la historia que vivimos en nuestra relación encaja con aquella que tenemos en nuestra mente sobre cómo debería ser. En la mayoría de los casos, como ya hemos visto, la idea que tenemos en la cabeza está completamente influenciada por todos los *inputs* recibidos del exterior, y al no ser una imagen realista, lo que acostumbra a ocurrir es que no encaja la imagen real con la deseada. Cuando estas dos no encajan, estamos mal, nos deprimimos, nos quejamos, nos enfadamos, y en la mayoría de las ocasiones sufrimos en mayor o menor grado.

En este punto tendríamos que hacernos dos preguntas muy importantes: ¿Qué es lo que me produce más infelicidad en la relación? ¿Por qué me siento infeliz en la relación tal como es ahora? Es importante que consiga responder a esto, aunque me cueste. Lo mejor es que escriba la respuesta, pues me ayudará a poner orden a lo que pienso y siento.

Cuando vemos la distancia que existe entre la relación que tenemos y la que creemos que debería ser, nos hundimos. Está claro que hay dos aspectos que nos hacen sentirnos vivos: sentir que crecemos y sentir que, de alguna manera, contribuimos o aportamos algo bueno a los demás. Si no nos sentimos así, pueden pasar dos cosas: o bien nos deprimimos, o bien queremos cambiar la situación para lograr que se ajuste a lo que queremos. Pero si justo cuando estamos intentando cambiarla, nos damos cuenta de que aquella realidad que tenemos delante no depende de nosotros, de que no está en nuestras manos modificarla, nos frustramos y nos venimos abajo, nos sentimos perdidos y nos cuesta mucho avanzar.

¿Qué hacer en estos casos en que las creencias que hemos aprendido nos bloquean así y hacen que acabemos sintiéndonos tan infelices? Tanto si se trata de la relación de pareja como de cualquier otra área de nuestra vida, existen dos opciones:

* **Cambia tu vida.** Haz cambios en ti, en tu manera de actuar, de reaccionar, de comportarte (empieza a ir al gimnasio, apúntate de nuevo a la universidad, haz ese viaje con el que tanto sueñas, enfréntate a tus miedos, etcétera). Se trata de pasar a la acción por uno mismo. Así es como logramos que nuestra vida cambie y que empiecen a pasar cosas nuevas y diferentes.
* **Cambia o redefine tus creencias.** Analízalas y date cuenta de que tal vez te han condicionado durante todo este tiempo y han sido la causa de que quedaras atrapado en relaciones o con personas que no te convenían, con las que nunca ibas a ser feliz de verdad. Ideas como «quien bien te quiere te hará llorar», «hay que luchar para que una relación funcione» o «hay que aguantar lo que haga falta» son las que han hecho que en cuanto te has encontrado en esa realidad, creyeras que aquello era lo esperado, lo asumieras como normal y ni siquiera te plantearas cambiarlo. O incluso es probable que esas creencias instaladas en tu mente fueran las que te llevaron a elegir a alguien con quien poder tener una relación que encajara con ellas, que demostrara que eran ciertas. Aunque no fuera así.

Debes hacerte preguntas como las siguientes: la mayor parte del tiempo, ¿me gusta estar al lado de mi pareja o me hace sentir mal? En el fondo, ¿me hace sentir bien esa manera de ser o de comportarse que tiene? Esto por lo que hoy me he sentido mal, ¿me ha ocurrido ya en otras ocasiones?, ¿es algo que se repite? ¿Tengo a alguien a mi alrededor a quien eso no le ha ocurrido nunca?, ¿qué me diría si se lo explico? ¿Desearía esta relación que tengo para mis seres queridos?

De nuevo, la experiencia de trasladar lo que nos ocurre a otra persona e imaginar que es ella quien lo vive, o imaginar qué opinaría esa persona de lo que me sucede, ayuda a ver la situación desde otra perspectiva, lo cual es siempre positivo. Veremos que con un simple ejercicio como este podemos sorprendernos mucho.

A menudo tenemos nuestras creencias muy arraigadas y vivimos con la sensación de que «esto es así y punto» o «esto es así porque sí», pero si intentamos abrir un poco más nuestra mente, nos daremos cuenta de que no es tan sencillo como pueda parecer *a priori*. Es interesante que nos cuestionemos lo que pensamos, como si de un ejercicio filosófico se tratara. Consistiría en que tras oír una afirmación, nos hiciéramos una serie de preguntas. Por ejemplo, ante la afirmación: «Si estás en una relación que crees que vale la pena, debes luchar para que aquello funcione y siga adelante», deberíamos plantearnos las siguientes preguntas: ¿de verdad crees que hay que luchar? ¿Qué entiendes por «luchar»? ¿En qué momentos crees que deberás luchar para que la relación funcione? Piensa en alguna relación a tu alrededor que realmente funcione; ¿crees que viven la relación desde la lucha? ¿Quién tiene que luchar en realidad? ¿Qué conseguiremos luchando dentro de una relación de pareja?, ¿y luego qué?

A partir de ahí, una vez llegamos a la conclusión de que tal vez aquello no es como creíamos, o nos abrimos a la posibilidad de que sea diferente, se trata de darle la vuelta para que podamos alimentar nuestro cerebro con otros pensamientos que vayan a nuestro favor y nos permitan fluir con los cambios para, al final, tener una calidad de vida muchísimo mejor.

Analiza tus valores

Nuestros valores son aquellos principios básicos con los que nos identificamos a la hora de actuar en cada momento y frente a cada situación con la que tengamos que lidiar. Son aquellas creencias básicas y firmes que habitan en nosotros y que hacen que tomemos determinadas decisiones y hagamos unas elecciones en vez de otras. Los valores son esenciales para que podamos convivir adecuadamente con los demás y nos permiten comportarnos de manera íntegra y digna de acuerdo con ellos. En definitiva, son un reflejo de nuestros intereses, sentimientos y convicciones más importantes y nos permiten diferenciar el grado de importancia que tienen las cosas para nosotros.

Cada uno tenemos unos valores determinados, y todos son válidos por sí mismos; es decir, no hay valores correctos e incorrectos, sino que son correctos o no para cada uno. Cada uno tiene los suyos, y son importantes por lo que significan y representan para esa persona, dando igual lo que los demás piensen al respecto.

Normalmente nos sentimos a gusto y bien cuando actuamos en consonancia con nuestros valores. Por el contrario, si hacemos lo opuesto a aquello que tanto valoramos y que consideramos importante y básico, nuestro estado emocional empezará a empeorar poco a poco. Sentiremos angustia, nervios, malestar, y es muy probable que empecemos también a notar síntomas físicos que nos indiquen que no lo estamos haciendo muy bien (problemas cutáneos, intestinales, digestivos, etcétera). Si, por ejemplo, la lealtad es un valor incuestionable para mí y me encuentro actuando con alguien de manera desleal, eso hará que no esté tranquila, me llevará a sentirme angustiada y en desequilibrio porque mi manera de actuar estará en contra de mi valor, de lo que, según mi modo de entender aquello, es lo correcto.

Nuestros valores se forjan ya de niños, en el momento en que empezamos a apreciar a las personas que satisfacen nuestras necesidades básicas. Su conducta es nuestra principal referencia de lo que es realmente valioso. Está claro que nuestra personalidad se va formando a partir de las actitudes y conductas de aquellas personas que nos crían, sean quienes sean. Su manera de comportarse y de gestionar las situaciones del día a día será lo que más tarde se convertirá en nuestra manera de ver la vida, en aquello que veremos como «normal», como «tiene que ser», lo cual conformará nuestras creencias y nuestros principios básicos sobre los que se regirá nuestra vida.

He incluido los valores como una de las herramientas necesarias para dejar de sufrir por amor porque, sin duda, se trata de un tema clave en cualquier relación en conflicto, sea del tipo que sea. En la mayoría de los casos en que encontramos a alguien que sufre en una relación acostumbra a existir un conflicto a nivel de valores. Me explico. Cuando creemos que sufrimos o que lo estamos pasando mal «por amor»(a estas alturas del libro ya deberíamos tener claro que eso no es amor), lo que nos está desestabilizando tanto acostumbra a ser siempre algo que choca frontalmente con nuestros valores más importantes. Por eso sufrimos y lo pasamos tan mal, porque no encaja con nuestras creencias más básicas, con nuestra manera de entender el mundo y las conductas humanas. Cuando vemos que la otra persona se comporta de una manera que no encaja con nosotros o que incluso actúa de forma opuesta a como lo haríamos nosotros, eso nos altera (igual que cuando somos nosotros los que actuamos en contra de nuestros propios valores), nos puede generar ansiedad o incluso puede hacernos entrar en crisis con nosotros mismos si no nos alejamos de ello.

Como ya sabéis, este libro habla del sufrimiento en las relaciones, así como del amor y el desamor. Si lo pensamos un momento, algunas personas con las que nos relacionamos habitualmente las hemos elegido nosotros y otras no. Por lo general, elegimos a la pareja y los amigos, lo cual deja a todas las demás personas fuera de nuestro alcance. Es decir, no podemos elegir a los padres, a los hijos, a los compañeros de trabajo, a la familia de nuestra pareja, etcétera. ¿Qué significa esto? Pues muy sencillo; significa que elegiremos a determinadas personas justamente porque encajan con nuestros valores, ya que esto es lo que nos llevará a percibir que hay sintonía entre nosotros. Si tenemos valores parecidos, sentiremos que damos importancia a las mismas cosas. Así, la relación será mucho más fácil y fluida. No tendremos que discutir por aspectos que nos parecen esenciales, ni tendremos que invertir grandes dosis de energía y esfuerzo para que el otro entienda cosas evidentes para nosotros, cosas que consideramos «de cajón».

Sin embargo, a pesar de la evidencia, lo más habitual es que no hagamos eso en absoluto. La mayoría de las veces, sin darnos cuenta, acabamos eligiendo como pareja a personas que no encajan con estos valores y, por consiguiente, más tarde o más temprano, empezamos a sufrir. A medida que el amor que creíamos presente va menguando, nuestro malestar y sufrimiento van creciendo. Ya sabemos que el amor y el sufrimiento no pueden ir juntos, así que para que aparezca uno (el sufrimiento) tiene que estar desapareciendo el otro (el amor). Y este es un desenlace que acaba haciéndose realidad tarde o temprano cuando nuestros valores no encajan ya desde el principio.

Por ello, creo que conocer y ser conscientes de los valores de cada uno es un requisito importantísimo para dejar de sufrir en pareja. Si elegimos a determinadas personas precisamente porque encajan con nuestros valores más importantes, nos evitaremos todos estos desperfectos y sufrimientos colaterales que, en numerosas ocasiones, son innecesarios.

En conclusión, los valores nos sirven de herramienta. Debemos tenerlos claros para poder analizar si la persona que estamos buscando para compartir nuestra vida los comparte o tiene valores similares.

No entres en la dinámica de las quejas

Nelson Mandela dijo una vez algo así: «Quejarte y albergar resentimiento en tu interior es como beberte veneno y pensar que tu enemigo morirá». Es totalmente cierto, ya que quedar atrapado en la dinámica de las quejas es, sin duda, la peor de las estrategias. Y esto es lo que suele ocurrir cuando elegimos sin tener conciencia de cuáles son nuestros valores, ni mucho menos de cuáles buscamos en nuestra pareja, que por mucho que no nos guste admitirlo no estamos bien y, por ello, tarde o temprano acaban apareciendo las quejas.

Las quejas son una estrategia inadecuada para generar cambios. En un primer momento nos puede parecer que son positivas porque, de alguna forma, nos ayudan a desahogar nos. Sin embargo, no solucionan nada; lo único que consiguen es que el resentimiento se vaya acumulando en nuestro interior y vaya creciendo cada vez más.

Al no elegir con conciencia a nuestra pareja, nos equivocamos. Más tarde, no estamos bien, ya que es probable que su manera de ser o actuar no encaje con nuestros deseos o nuestras expectativas, y al mismo tiempo, como ya hemos elegido, no queremos volver a cambiar, por lo que entramos en la conocida dinámica de intentar que cambie. Y la manera más común que tenemos de hacerlo es a través de la queja.

La queja es una forma de expresarle al otro algo que nos desagrada, algo con lo que no nos sentimos cómodos. Cuando las quejas se refieren a él o a su manera de actuar, de ser o de comportarse en determinadas situaciones, sin darnos cuenta ya le estamos pidiendo un cambio. Es una manera de manipular al otro para que se vaya adaptando a lo que nosotros deseamos, para que cambie y así pueda encajar mejor con el molde que teníamos previsto para él.

Sin embargo, las quejas son pocas veces positivas. Es evidente que debemos poder expresarle a la otra persona aquello que no nos gusta o nos molesta, pero siempre deberíamos hacerlo desde el respeto y la aceptación. Es decir, puede que haya algo que no nos haga sentir bien, y tenemos que poder hablarlo, hacérselo saber, para poder adentrarnos en ese proceso de adaptación tan necesario durante los primeros meses de cualquier relación. Conforme nos vamos conociendo, nos vamos adaptando el uno al otro, pero nunca hay que pedirle al otro, ni mucho menos exigirle cambios que impliquen una renuncia a lo que es en esencia. De ser así, la otra persona no se sentirá aceptada ni admirada, y una de dos: o su autoestima caerá en picado y empezará a esforzarse por agradarnos (al tiempo que se pierde a sí mismo, con lo que la relación acabará mal), o directamente se irá de nuestro lado.

Además, como cabe imaginar, las quejas van unidas al hecho de estar pensando de manera constante en cosas negativas, en aspectos que no nos gustan del otro, y eso nos aleja inevitablemente y hace que nuestros sentimientos cambien. Ya sabemos que los pensamientos negativos activan emociones negativas y estas, a su vez, hacen que nos comportemos también de una manera que nos va a acabar conduciendo hacia el malestar y la desilusión.

Si hemos elegido a esa persona y sentimos que tiene muchos aspectos positivos, debo analizar los motivos de mis quejas. ¿Son realmente justificadas? ¿Es aquello determinante para mí? ¿Se trata de aspectos con los que por mucho que quiera no voy a poder lidiar? Debemos tener en cuenta que estar en una relación también implica la aceptación de ciertos aspectos que no me gustan tanto. Yo siempre digo que esas parejas que te dicen que les gusta todo del otro, que no hay nada que no les agrade, tienen mal pronóstico. O están dentro de los primeros dos meses de relación, en pleno enamoramiento, y aún no lo han visto, o es que hay uno de los dos que siempre calla y cede ante el otro, lo cual, más tarde o más temprano, acabará estallando y pasando la correspondiente factura.

Por lo tanto, es importante que tengamos la capacidad y la complicidad necesaria con nuestra pareja como para poder expresarle lo que no nos gusta (y así poder ir adaptándonos el uno al otro), pero jamás deberíamos quedar atrapados en la actitud de queja habitual, esa actitud que nos hace estar siempre centrados en todo lo que no nos gusta de la pareja o lo que no acaba de hacer suficientemente bien. La pregunta es siempre la misma: ¿Puedo aceptarle tal y como es? Si no cambia eso, ¿seguiré queriendo estar a su lado o se trata de cambios imprescindibles para mí?

Enfréntate y supera tu miedo a la soledad

Es curioso porque la mayoría de las personas aterradas y a veces paralizadas por el temido monstruo de la soledad acaban encadenándose con fuerza a otras personas que, por su manera de ser, de tratarlas o de comportarse, consiguen que se sientan aún más solas, más paralizadas y más temerosas. Pero aunque parezca contradictorio o irracional, a menudo lo prefieren. Prefieren sentirse solas aun sabiéndose acompañadas (a pesar de ser la peor de las relaciones), antes que sentirse solas porque realmente lo están y no tienen una pareja a su lado. Prefieren estar mal acompañadas si así logran evitar sentirse solas.

La idea de la soledad genera tal desesperación que, sin darnos cuenta, nos agarramos a la primera alternativa que nos pasa por delante. Y si no se nos presenta ninguna opción, entramos en una dinámica de tratarnos mal a nosotros mismos, de machacarnos, despreciarnos y exigirnos, lo cual nos coloca en una posición en la que aún nos va a ser más difícil salir de esa soledad, porque cuanto más nos digamos que no lo vamos a conseguir, que no nos lo merecemos o que no somos lo suficientemente buenos, menos probabilidades tendremos de lograrlo. No olvidemos que en todas las áreas de la vida, uno no consigue lo que desea sino lo que cree que es capaz de conseguir.

En el amor y en las relaciones funcionamos exactamente igual. Al final, acabamos atrayendo a quienes creemos merecer, ni más ni menos. Si no nos gustan las personas que han pasado por nuestra vida, deberíamos analizar el porqué de ese perfil. Siempre tenemos algo que ver con ello; aunque a veces parezca que son las personas las que se acercan por azar, no es exactamente así. Es decir, no es que yo crea en energías ocultas ni mucho menos, solo que cuando uno siente honestamente que no merece a según quien, cuando pase alguien así, ni lo verá, lo rechazará inconscientemente porque su cerebro, al detectarlo, ya sabrá que «este no es para mí»; de la misma manera, cuando se cruce con alguien que no valga mucho la pena, seguro que pensará: «Este sí que puedo conseguirlo», y así es como actuará una y otra vez. Por esto es tan importante hacer algún proceso de crecimiento personal y aprender a tomar conciencia de todos estos patrones de funcionamiento que llevamos incorporados en nuestro disco duro. ¡Y lo mejor de todo es que en cualquier momento pueden modificarse!

En definitiva, lo que tantas veces nos hace acabar actuando de esta forma tan inadecuada es el miedo a quedarnos solos. Así que la cuestión es siempre la misma: ¿Cómo deshacernos de ese miedo a la soledad? Para mí, ante esta pregunta siempre hay una única respuesta: enfrentándonos a ella. Aunque parezca un tópico, este es el único camino que nos podrá fortalecer, que nos podrá enseñar y nos demostrará que todo cuanto necesitamos para hacerle frente está en nosotros. Y es que, al fin y al cabo, el miedo a la soledad no es más que un miedo irracional, y los miedos irracionales tendríamos que verlos como pequeños monstruos que tienen la espalda blindada, es decir, que solo podemos atacarlos y vencerlos de frente. Por este motivo, siempre insisto en que el único camino es enfrentarnos a él directamente. Si el miedo es muy fuerte, hagámoslo con miedo, pero hagámoslo, porque es la única manera de superarlo.

Los seres humanos somos seres sociales, es cierto. Y por ello, consideramos las relaciones con los demás como algo básico, necesario, imprescindible. Algo a lo que, por mucho que queramos, no podemos renunciar. Y es que si renunciamos a los demás, aún estaremos peor. No obstante, es muy raro que haya alguien que no tenga a nadie en absoluto. Eso es prácticamente imposible porque hay en nosotros una urgencia natural que nos empuja hacia otros seres humanos en caso de habernos quedado solos, por lo que rara vez lo estamos al ciento por ciento. Podemos estar físicamente solos en momentos determinados, y podemos incluso necesitar estar solos de vez en cuando, pero nunca estamos solos en el mundo. Siempre tenemos a algún familiar, algún amigo, algún compañero de trabajo o de clase, etcétera; siempre tenemos a alguien a nuestro alrededor, a alguien a quien podemos llamar, a alguien a quien podemos acudir, a alguien que nos va a escuchar.

Lo que ocurre es que no es este el miedo que tenemos. Cuando conectamos con ello, no se trata del miedo a la soledad más absoluta, sino del miedo a no tener pareja. Solo eso. El miedo a vernos solos el resto de nuestros días. El miedo a no tener a ese alguien con quien compartir nuestra intimidad, nuestros momentos altos y bajos, nuestro tiempo libre, ese alguien que nos recuerde que piensa en nosotros cuando no estamos juntos. Ese compañero, amigo y amante que hará que nuestros días tengan un sabor mucho más dulce.

En función de la edad que tengamos puede ser más fácil que conectemos y que nos paralice este miedo. Está claro que a edades tempranas en las que nuestros semejantes tampoco tienen pareja no nos sentiremos tan mal porque no seremos los únicos. Pero si ya tenemos hijos mayores que van haciendo su vida y, de repente, nos vemos solos, puede que lo vivamos como una situación digna de pedir auxilio.

En la consulta lo vemos todos los días: quien más rápido se adapta a estar sin pareja, por muy fuerte que sea su deseo de tener otra nueva, es quien mejor vive ese proceso de transición y quien más rápido la encuentra otra vez. En cambio, quien peor lo vive es quien se obsesiona, quien busca desesperadamente, quien no elige desde la conciencia, desde la cordura, desde la razón, lo cual le llevará a tener muchas probabilidades de volver a equivocarse en la elección y, en consecuencia, a tener que enfrentarse a una ruptura más y a un nuevo episodio al lado de la soledad. Por tanto, quien aprende a vivir con la soledad y le pierde el miedo es quien más sabrá adaptarse a lo que vaya ocurriendo a partir de ese momento.

Aparte de vivir reconciliándonos con la soledad, haciendo las paces con ella, abrazándola y aprendiendo a saborearla de verdad, es necesario que incluso lleguemos al punto en que no nos importe quedarnos con ella. Es decir, en el fondo, a todos nos gusta más estar acompañados que estar solos, pero cuando hemos logrado estar solos y sentirnos bien, solo nos arriesgaremos a renunciar a esa situación si vemos muy claro que la cambiamos por alguien con quien estamos incluso mejor que estando solos. Si lo hacemos desde esa conciencia, es que ya le hemos perdido el miedo a la soledad. Y si finalmente esa relación no acaba saliendo como creíamos que saldría, no tendremos ningún problema en volver a quedarnos solos.

Ya imagino que ahora vuestra pregunta será seguramente la siguiente: ¿Y cómo hacemos para enfrentarnos a ese miedo a la soledad? Pues bien, en realidad es muy sencillo: trabajando para fortalecer la autoestima. Cuando uno goza de una buena autoestima, se siente a gusto siendo quien es y como es, se acepta y se siente amado por sí mismo, cree que merece lo mejor y da también lo mejor de sí mismo a los demás. Quien tiene una buena autoestima se respeta, sabe decir «no» cuando es necesario y se toma el tiempo que necesite. Se trata a sí mismo desde el amor, y así es también como trata a los demás.

Por lo tanto, es muy importante que si detectamos carencias en nosotros a nivel de autoestima, nos planteemos hacer un trabajo para que esto cambie y mejore, porque está claro que lo vamos a agradecer muchísimo. Podemos trabajarlo en sesiones individuales o en grupo, siendo este último el más claramente transformador. Cuando hayamos fortalecido la autoestima, nos sentiremos más seguros y, por lo tanto, más sociables también a la hora de relacionarnos con los demás. Tendremos las cosas más claras y no dejaremos pasar tantas oportunidades. Nos trataremos mejor y con ello disfrutaremos mucho más de la vida.

Sin embargo, no olvidemos que la parte social es básica. Podemos adaptarnos a no tener pareja y estar muy bien, pero no podemos adaptarnos a estar completamente solos, a no hacer ninguna actividad con nadie más, a no quedar con amigos, ni con otras personas de nuestra edad, ni con quienes compartamos alguna afición, etcétera. Siempre es imprescindible el contacto con los demás, tener relaciones sociales, pero tener una relación de pareja no lo es.

Así pues, si nos hemos quedado solos, para adaptarnos más rápido a esta situación es necesario que pensemos en qué actividades podemos incluir en nuestro día a día; tal vez podemos retomar las clases de pilates que tanto nos gustaban, o empezar a escalar, que es algo que siempre hemos querido hacer y nunca hemos hecho, o tal vez salir con el grupo de aquel vecino que tantas veces nos ha invitado, o quizá preguntarle a aquella persona del gimnasio con quien coincidimos en muchas clases si un día le apetece ir a tomar un café. Está claro que cuando uno siente que «se ha quedado solo», es muy difícil encontrar las fuerzas y las ganas para ponerse en marcha o ir a relacionarse con los demás, pero os aseguro que si lo hacemos, aunque sea sin ganas, el resultado será de lo más prometedor. Lo agradeceremos infinitamente.

¿Y qué ocurre cuando hay miedo a la soledad estando en una relación sana? El miedo a la soledad hace que en muchas ocasiones tomemos decisiones basadas en la búsqueda de la aprobación o en evitar la desaprobación, y en estos casos estaremos creando relaciones que poco a poco se volverán tóxicas.

En una relación, cuando dos personas se quieren, es normal y está bien sentir un cierto miedo a perder al otro, ya que sabemos que nunca hay garantías en el amor ni en el matrimonio; se trata de ese «apego sano» del que hablábamos en el segundo capítulo. Dado que no hay forma de garantizar una total seguridad cuando queremos a alguien, si uno no es capaz de manejar su miedo a perder a esa persona, es mejor que no se enamore, aunque en este caso ya está perdiendo antes de empezar.

El problema es que cuando tienes miedo a perder a alguien a quien quieres, actúas controlando, manipulando y haciendo cosas con las que no te respetas a ti mismo. Así, la relación se va volviendo constrictiva y ninguno de los dos puede experimentar expansión ni crecimiento. Esto, al final, no es más que una de las mayores formas de sentir el miedo que tenemos todos: el miedo a la muerte, es decir, el miedo a perder cualquier cosa que tú valoras mucho, ya sea tu vida, tu trabajo o un ser querido. Cuando uno tiene miedo a que la relación muera, hará lo posible para evitarlo o intentará por todos los medios matarla lo antes posible para superarlo.

Entregar nuestro poder al miedo crea mucha miseria en nuestra vida. Amar es liberarse del miedo, porque cuando dejas que entre el amor, el miedo desaparece. Sin embargo, al pensar en el futuro, es normal que aparezca de nuevo ese miedo porque el futuro es algo completamente incierto. Por eso es tan importante que aprendamos a mantenernos en el presente y a disfrutar de cada momento.

Libera la culpa

La culpa es el mayor obstáculo en el proceso de crecimiento porque impide avanzar. Es una emoción que a menudo se activa cuando sentimos que no hemos hecho lo correcto o lo que los demás esperaban de nosotros. Se trata de un estado afectivo, de una emoción con la que experimentamos un conflicto, ya que las consecuencias de no haber hecho lo correcto son negativas para nosotros o para los demás, o para ambos a la vez.

Se trata de un sentimiento que en algunos casos es difícil de transformar, incluso cuando no tiene demasiado sentido. En muchas ocasiones nos culpamos de lo que ha sucedido, nos atribuimos toda la responsabilidad de aquello, incluso aunque no tenga nada que ver con nosotros.

Cuando suceden cosas que nos desagradan, cosas que no deseamos, sobre todo en el terreno de las relaciones, existe en nosotros una necesidad interior de encontrar un culpable, alguien a quien atribuirle toda la responsabilidad de que haya sucedido aquello tan desagradable para nosotros y, así, poder descargar sobre él nuestra ira y nuestro enfado. Aunque algunas veces atribuimos esa máxima responsabilidad a la otra persona, a menudo el blanco más fácil y el que tenemos más a mano somos nosotros mismos. Y está claro que, en ocasiones, nosotros seremos los responsables de lo que pasó, pero no siempre, ni muchísimo menos. Lo que no podemos hacer es entrar en una dinámica de machacarnos y maltratarnos por haber cometido un error. Somos humanos y todos podemos equivocarnos. Para estar bien y tener una buena calidad de vida, debemos aprender a lidiar con nuestros errores y con aquello que no nos sale bien. De nada sirve tratarnos mal por algo que creemos que deberíamos haber hecho diferente porque aquello ya pasó y no podemos volver atrás, por lo que no nos lleva a ningún buen desenlace. Y si esto no lo tenemos claro, imaginemos qué pasaría si lo hiciéramos con otra persona.

Imaginemos que una persona se equivoca haciendo algo; por ejemplo, decide abrir un negocio, un pequeño restaurante en una calle un poco escondida de la ciudad. Su falta de experiencia, unida a la mala ubicación y a la falta de presupuesto para hacer una buena campaña de marketing, hace que el negocio no funcione, y a los pocos meses tiene que cerrar. ¿Iríamos a decirle lo idiota que ha sido, a reprocharle que cualquiera hubiera podido ver que aquello no funcionaría o que cómo puede ser tan tonto? Imagino que no; no lo haríamos porque somos capaces de empatizar con la otra persona y ponernos en su lugar, así que no iríamos a provocarle aún más dolor, sino todo lo contrario. La tendencia en estos casos suele ser intentar quitarle hierro al asunto o buscar la parte positiva de lo sucedido, destacar el aprendizaje que puede sacarse de esa experiencia. Y es que cuando somos capaces de ver nuestro error, asumirlo y aprender lo que nos está enseñando, es cuando se produce el crecimiento. Por el contrario, cuando nos quedamos anclados en la culpa, entramos en una especie de trastorno obsesivo en el que no podemos dejar de lamentarnos, juzgarnos, desaprobarnos y victimizarnos a la vez.

En el terreno de las relaciones de pareja, cuando más conectamos con la culpa, es cuando la otra persona decide dejarnos. Al vernos obligados a cortar esa relación sin que ese sea nuestro deseo, brotan de nuestro interior una multitud de emociones diferentes, que se irán liberando poco a poco y que, a su vez, pueden dejarnos atrapados en ese perjudicial sentimiento de culpa. Con ella es posible que iniciemos esa dinámica de reñirnos y autocastigarnos con malos tratos y malas palabras porque en el fondo sentimos que nos lo merecemos. Como si fuéramos un niño pequeño al que hay que castigar duramente para que aprenda la lección. Como si así se aprendiera algo bueno. Pero nada más lejos de la realidad. Tratarnos así nos conduce inevitablemente a un oscuro infierno y, por si nuestra desdicha fuera poca, aún nos sentimos peor: nos deprimimos, nuestra vida pierde sentido, desaparece la ilusión, perdemos las ganas de relacionarnos, nos vamos quedando cada vez más solos, y cuanto más solos estamos, más se van limitando nuestros pensamientos a dar vueltas y más vueltas a lo sucedido y a lo mal que lo hicimos. Como cabe imaginar, esto no tiene buen pronóstico.

Por otro lado, adoptar la tendencia de culpar a los demás tampoco nos beneficiará en absoluto, porque sigue manteniéndonos anclados a aquello sin dejarnos pasar página. Y a ello debemos sumarle cada una de las emociones negativas que se activan en nuestro interior justo después de cada pensamiento negativo. Recordamos una y otra vez lo que esa persona ha hecho o los inconvenientes que ello ha causado en nosotros, y así se nos acelera el pulso, aumenta nuestra ansiedad, y la rabia y el malestar se van apoderando cada vez más de nuestro cuerpo hasta que podemos llegar a hacer algo de lo que nos tengamos que arrepentir. En este sentido, puede que dirijamos todas estas emociones hacia la persona que nos ha dejado o hacia esa tercera persona por quien nos ha dejado nuestra pareja (también un blanco muy fácil).

Aun así, si reflexionamos sobre ello honestamente, nos daremos cuenta de que, en realidad, una vez más no hay culpables. Tal vez podamos aprender algo de lo ocurrido o de lo que nos haya llevado a alguno de nosotros a tomar determinadas decisiones, pero no hay culpables porque ninguno de los implicados ha pretendido hacerle daño al otro. La culpa en sí nos aprisiona, independientemente de hacia donde la dirijamos. Por lo tanto, es muy importante que aprendamos a liberarnos de la culpa. Debemos aprender a soltarla, a disolverla y a permitir que se vaya, que desaparezca.

Podemos analizar la situación desde fuera, intentar ver objetivamente qué ocurrió, como si le hubiera sucedido a otra pareja, como si fuéramos simples observadores de otra relación, y preguntarnos: «¿Qué ha ocurrido en realidad?». Ser capaces de observar lo sucedido y analizarlo nos permite mejorar en la siguiente ocasión que tengamos. Al final, todo se va repitiendo en la vida y lo que hemos aprendido es lo que vamos a hacer diferente, de acuerdo con aquel aprendizaje y evitando volver a cometer el mismo error.

Está claro que cuando nuestra pareja nos deja de querer o decide dejar la relación por cualquier motivo, si no es lo que nosotros queremos, será un golpe muy duro, no nos engañemos. No es una situación fácil para nadie. Sin embargo, todos tenemos la capacidad y el potencial necesario para salir adelante.

Puede que inicialmente adoptemos la dinámica de preguntarnos: «¿Qué he hecho mal?». Si ha decidido dejarnos es que no somos lo que quiere, hemos dejado de gustarle. Pero si un día le gustábamos y ahora ya no, ¿qué ha cambiado? Está claro que quien puede haber cambiado es el otro, y por eso quiere ahora algo diferente, pero nosotros tenemos siempre la tendencia a atribuirnos los motivos de la ruptura, pensando que hemos fallado o que hay algo que deberíamos haber hecho diferente. Y entonces queremos cambiar de golpe, prometemos lo que sabemos que no vamos a cumplir, hacemos lo que jamás quisimos hacer y nos humillamos y denigramos hasta la saciedad, como si de esa persona dependiera nuestra vida, nuestro futuro o nuestra felicidad.

Cuando a pesar de todos nuestros esfuerzos, la otra persona acaba por negarse a la posibilidad de una reconciliación, cuando frente a nosotros ya no queda nada más que la inevitabilidad de la ruptura, nos hundimos. Nos entra un profundo dolor, que deja paso a la rabia que nos quema por dentro, y de ahí pasamos a la culpa. Y con ella nos hacemos mucho daño y sufrimos. Lo importante es que nos demos cuenta de ello para que podamos salir de allí.

¿Cómo salir de la culpa?

Lo primero que debemos hacer para salir de la culpa es tomar conciencia de cuál es el motivo real por el que nuestra pareja ha decidido que prefiere seguir su vida sin nosotros. Puede que nos lo haya dicho claramente, o que sea un motivo muy evidente a pesar de que no nos lo esté expresando con sinceridad. Aun así, podemos verlo siempre si nos fijamos en los hechos, en su conducta, en lo que hace a partir de ahí.

Debemos diferenciar entre los motivos causados por algo que hayamos hecho nosotros, a raíz de ciertas decisiones que hayamos tomado en momentos determinados, y los motivos que parten de nuestra manera de ser en cuanto a físico y personalidad. Hay que diferenciarlo, porque algunos motivos llevan implícita la posibilidad perdida de haberse evitado, mientras que otros eran inevitables, ya que se refieren a aspectos que no están en nuestras manos.

Si nos dejan porque hemos cometido una infidelidad, ahí sí que debemos asumir la responsabilidad, dado que nadie nos ha obligado a hacerlo, y si para el otro la fidelidad es un valor incuestionable, ya podíamos haber imaginado que era probable que acabara rompiendo la relación. Ya somos adultos y sabemos que nuestros actos tienen consecuencias.

Si nuestra pareja nos deja porque quiere salir cada noche y esto supone un conflicto constante porque nosotros no entendemos que con treinta y ocho años aún tenga la necesidad de salir con sus amigos de fiesta tan a menudo hasta altas horas de la madrugada y luego se pase las mañanas durmiendo, ahí no hay nada que hacer. Nosotros no podemos dejar de verlo mal, porque es algo que va unido a nuestros valores, y en ese sentido no podremos cambiarlos por mucho que nos esforcemos. En un caso así, que es muy frecuente, acostumbra a ocurrir que cuando uno ve que debido a «su intolerancia» el otro decide irse porque no lo aguanta más, intenta darlo todo para cambiar y para conseguir tolerar aquello. Intentar tolerar y llevar bien eso que, por cierto, te parece absurdo, ridículo y de persona poco responsable, inmadura y con poca ambición es, en una palabra, imposible. Al intentarlo y no poder, primero conectaremos con la culpa, porque probablemente el otro nos hará sentir culpables expresándonos que si le aceptáramos como es y le dejáramos hacer su vida y divertirse como a él le gusta, esto no estaría pasando. Evidentemente, en una situación así, el tema de salir por la noche no suele ser el único problema que hay en la pareja, sino que es un minúsculo detalle, la punta del iceberg que tiene debajo un montón de problemas, dificultades y desavenencias más entre los dos. En estos casos en que no está en nuestras manos evitar la ruptura, debemos hacer un trabajo para aceptarlo y poder soltar la relación. Es importante para nosotros asumir que, a pesar de nuestra tendencia a aferrarnos a la relación, no estamos nada bien con esa persona.

Tal vez la situación más complicada a nivel de culpa se da cuando nuestra pareja corta la relación simplemente porque ha dejado de querernos, pero no nos da un motivo más concreto. Eso supone un duro golpe a nuestra autoestima y por ahí se cuela la culpa más destructiva. Entramos en la dinámica de tratarnos mal, hiriéndonos donde más nos duele. Nos decimos que no somos lo suficientemente valiosos, que no hemos estado a la altura, que si fuéramos diferentes no se iría, que los demás son mejores, etcétera. «Si hubiera sido más esto o más lo otro, esto no hubiera pasado», «si hubiera adelgazado tal vez aún le gustaría», y así sucesivamente. Tal vez sea así, pero nunca podremos saberlo. Es importante que en estos casos intentemos comprender y aceptar que, evidentemente, si las circunstancias hubieran sido otras, el desenlace tal vez hubiera sido diferente, pero estaréis de acuerdo en que se trata de un razonamiento un tanto absurdo y poco útil.

La cuestión es que las cosas han ido como han ido y no podemos volver al pasado para modificarlas. En este caso, lo mejor es asumir que los sentimientos pueden cambiar y que no siempre tiene que ver con nosotros. Hay que aprender a soltar, a dejar ir. Aprender a sentir las emociones que nos provoca esa situación y que se activan en nuestro interior, y atravesarlas poco a poco, respirarlas y sentirlas hasta que nos demos cuenta de que ya no nos producen ningún dolor. Ahí es cuando las habremos dejado partir y nos habremos liberado de esa culpa tan dañina para nuestro bienestar.

Encuentra tu «porqué»

Una herramienta utilizada por muchos psicólogos y psiquiatras a la hora de ayudar a aquellos pacientes que les explican que su vida ya no tiene sentido y que han perdido la ilusión es preguntarles: ¿Y por qué no te has suicidado aún? Está claro que se trata de una pregunta que *a priori* puede parecer un poco fuerte, pero su respuesta es importantísima y es la clave de por qué esas personas están ahí, en una consulta, pidiendo ayuda, en vez de dejarse llevar y acabar con todo definitivamente.

Para algunos, el hecho de sufrir por (des)amor puede ser una experiencia devastadora, sobre todo cuando sufren precisamente porque la relación ha acabado de manera definitiva e irreversible. Sienten como si al irse su pareja, se llevara consigo todo lo que han compartido, las experiencias, las dificultades superadas, las ilusiones, los proyectos, los sueños, etcétera. Es como si se quedaran vacíos de repente y no hubiera ninguna forma de cambiar aquello, a menos que puedan volver a reconciliarse y retomar la relación. Por este motivo, a nivel psicológico damos mucha importancia al hecho de encontrar ese «algo» a lo que agarrarnos; en la mayoría de los casos, siempre que lo busquemos lo podremos hallar.

Nos sentimos deprimidos, hundidos y vacíos, pero aún queda ese «porqué» que nos hace despertarnos cada mañana. ¿Cuál es el tuyo? Puede que sea tu hijo, tu padre, tu trabajo, tu empresa, tus clientes, tu sueño... pueden ser muchas cosas, muchas personas, muchos motivos. Cada uno debe encontrar el suyo, ya que hacerlo es indispensable para que logremos dejar de sufrir y transformar esa situación tan oscura y negativa en otra con mucha más luz y color. Otra que haga que, de nuevo, nuestra vida tenga sentido y valga la pena.

Así pues, vamos allá. Deja de leer un momento. Haz una respiración profunda, siente tu cuerpo, tu presencia, y déjate sentir la respuesta a esta pregunta: ¿cuál es mi porqué? El primer pensamiento que se asome a tu mente es el que tienes que abrazar, cuidar, alimentar y tener bien presente en todo momento. Ese es tu motivo, el que hace que sigas en pie.

Si volvemos al tema del pensamiento (y a la teoría del PEC), nos daremos cuenta de que al centrarnos en ese motivo que es tan importante y reflexionar sobre él, lo que estamos haciendo es activar en nuestro interior emociones positivas, de bienestar, de energía, de paz y de ilusión; con ellas, nuestro cuerpo no podrá evitar empezar a moverse y ponerse en marcha otra vez. Así, centrándonos en aquello positivo, saldremos de nuestro estado tan negativo.

Vive de hoy en adelante

Un día una persona me preguntó a través de Facebook: «Silvia, ¿el amor es un sentimiento o una decisión?». Me gustó mucho la pregunta porque más allá de las aproximaciones que he intentado hacer en este libro para definir el amor, yo creo que el amor es una consecuencia que se da inevitablemente cuando en una relación existen los ingredientes necesarios para ambos en su justa medida.

Si hay amor, bien. Si no, ¿qué opciones tenemos? ¿Esperar cambios? ¿Pedir cambios? ¿Exigir cambios? ¿Soñar cambios? Porque lo único que está claro es que algo tendrá que cambiar para que pueda ir bien finalmente y podamos sentirnos a gusto y tranquilos en la relación.

No obstante, ahora ya sabemos que esperar que el otro cambie es tan injusto como absurdo. Si no existe amor, hay que irse a otra parte a probar suerte. El problema es que hemos empezado con tantas ganas que al tener de frente la cruda realidad que nos dice a gritos que aquella no es la persona que esperábamos que fuera, es como si no acabáramos de comprenderlo; no podemos asumirlo así, tan de golpe. Entonces intentamos seguir buscando entre los rinconcitos de nuestra memoria, que nos recuerda lo que fue en un momento pasado, y al verlo, nos retorcemos de dolor al saber que ya pasó y que todo indica (aunque pretendamos ignorarlo) que con esa persona no volverá a pasar. El pasado nos atrapa y nos seduce para que volvamos a hacerlo presente, pero, lamentablemente, eso no es posible.

Intentemos empezar a mirar de nuevo hacia el siguiente capítulo del libro de nuestra vida. Es importante que tengamos la capacidad de tocar fondo y que logremos decir: «Vale, esto es lo que tiene que ser. Lo acepto porque no depende de mí, pero ahora voy a definir, a partir de lo que he aprendido, qué es lo que quiero de ahora en adelante». Para lograrlo no podemos seguir mirando hacia atrás, sino que debemos trabajar con unos mensajes determinados desde nuestro ingenioso cerebro. Todos estos pasos son claves para conseguir nuestro objetivo principal, dejar de sufrir.

Está comprobado que la mayoría de quienes no logran avanzar por haber quedado atrapados en un amor intoxicado viven mentalmente en el pasado. Podemos quedar atrapados en el pasado que un día fue o en el futuro que siempre soñamos que llegará, a pesar de ser algo absolutamente imposible. Y podemos ver que es imposible porque al observar el presente, vemos con total claridad que la persona que está a nuestro lado (si es que aún está) no es la misma ni tiene nada que ver con la protagonista de nuestras fantasías de futuro. Aceptar esto requiere, sin duda, grandes dosis de valentía porque implica llegar a rendirse, y en el desamor, para rendirse, hay que ser muy, muy valiente.

¿Cómo vivir de ahora en adelante?

Debemos estar muy atentos a nuestros pensamientos, ser nuestros propios observadores y estar pendientes de cada vez que nos «pillamos» rebobinando esa cinta antigua que nos genera tanto malestar. Acto seguido, debemos darle al botón de parada y hacernos las tres preguntas mágicas:

- Mientras pienso esto, ¿me estoy sintiendo bien?
- ¿Quiero sentirme bien?
- Más allá de esta historia que ya acabó, ¿qué necesito o qué creo que me iría bien hacer para volver a tener alegría, ilusión y vitalidad?

Escribe las respuestas en una libreta para que puedas volver a recordártelas en cualquier momento en que te sientas mal y vuelvas a darle al botón de reproducción incorrectamente.

A continuación, piensa en la última respuesta; céntrate en qué estado emocional quieres conseguir, en cómo quieres estar y en qué crees que debes hacer para conseguirlo. Haz una lista de posibles pasos para acercarte a ese estado, visualízate estando ya así, y siéntelo en tu interior. Pruébalo. Cierra los ojos e imagina que ya estás como deseas estar, tranquilo y en paz; imagina que has soltado lastre, que te has liberado de todo aquel que no te quiere o no quiere estar contigo, y te sientes liviano y rebosante de energía, ilusión y vitalidad. Con cada nueva respiración te vas llenando de un mayor bienestar interior y te acercas un poquito más a esa nueva realidad que deseas.

Puedes hacer este ejercicio cada día, incluso varias veces al día. Cuanto más a menudo recrees dentro de ti el estado en que te quieras encontrar, con más facilidad aparecerá ese estado sin que tengas que acercarte a él conscientemente. Y entonces dejarás de sentirte desgraciado por no tener ya a esa persona a tu lado, y empezarás a sentir que tienes el control de tu vida en tus manos, en vez de sentir que está en las manos de los demás.

Ahora ya sabemos que la mayoría de las veces no sufrimos por amor. Sufrimos por desamor, y esto lo cambia todo. Cuando pensamos que sufrimos por amor, lo que ocurre es que estamos enganchados a lo que fue o a lo que —a través de nuestra imaginación— pensamos que un día será, y seguimos alimentando la esperanza con la fuerza de ese pensamiento. No nos centramos en que ya no es así en el presente o en lo que nunca ha sido, sino que nos centramos en lo que un día fue, en lo que creímos que fue o en lo que creemos que será. Solo nos enfocamos en esa parte, que excluye el presente, y al fijarnos solo en ese trocito, no avanzaremos en el único camino real que tenemos delante.

CAPÍTULO 6
LA RELACIÓN SANA EXISTE

Una relación que se basa en el amor [...] es una relación en la que cada uno de sus miembros le permite al otro ser lo que él quiere, sin expectativas especiales y sin exigencias. Es una asociación simple entre dos personas que se quieren tanto que ninguno de los dos querría que el otro fuese algo que no haya escogido por sí mismo.

WAYNE DYER

Quiero confesar que de ninguna manera quería acabar este libro dejando una sensación más bien amarga o de desilusión. Todo lo contrario. Al fin y al cabo, este libro habla de despojarnos de todo aquello que nos sobra, de aquello que no nos interesa, no nos pertenece y no nos gusta, para así poder dejar espacio a todo lo nuevo, a lo bueno, a lo que de verdad nos hará bien. Y es que, en definitiva, es ahí donde reside el amor sano, es ahí donde tenemos espacio para construir, crecer, sentir y disfrutar.

Sin duda, existen relaciones sanas, y quería dejarlo muy claro en este último capítulo. Soy consciente de que dado que me paso la mayor parte del tiempo hablando de desamor o intentando ayudar a personas que sufren por un amor que no es realmente amor, es fácil reducirlo todo a la idea de que no creo que las relaciones sanas existan. Pues bien, permitidme que me reitere: las relaciones sanas sí existen. ¡Por supuesto que sí! De no existir, mi trabajo no tendría ningún sentido, no valdría la pena nada de lo que hago.

De hecho, creo que el tema de las relaciones sanas es tan profundo y puede llegar a ser tan extenso que merece ser el eje central de un nuevo libro. Pero como a mí me gusta ir siempre paso a paso, de momento nos tendremos que conformar con dedicarle el último capítulo de este libro.

Básicamente nos referimos al concepto opuesto a las relaciones o a los amores tóxicos. Recordemos que al colgarles el adjetivo «tóxicas», hacíamos referencia a aquellas relaciones que nos hacían sufrir, que nos llevaban a pasarlo mal, a angustiarnos, a sentir necesidad, a obsesionarnos, o a las que directamente bajaban nuestra autoestima hasta el mismísimo subsuelo. Por el contrario, las relaciones sanas son luz, claridad, paz, bienestar interior, calma mental. Una relación sana implica seguir conectados con nuestros sueños, con nuestras ilusiones y deseos más profundos.

Lo que ocurre muchas veces en las relaciones, y nos demuestra que no son sanas, es que entramos en lo que yo llamo la «rueda de la serpiente». Se trata de esos casos en que la mujer no siente que recibe suficiente afecto por parte de su marido y le «castiga» sin sexo; ella piensa: «Sí, hombre, mira cómo me trata y ahora quiere tener sexo, ¡pues lo lleva claro!», y con ello él se va enfadando, se le va agriando el carácter y se va volviendo distante, con lo que aún le da menos afecto. De esta forma vamos entrando en la trampa de esta rueda en la que, como haría la serpiente, nos vamos picando el uno al otro con nuestra conducta destructiva de castigo hacia nuestra pareja (a quien jamás deberíamos castigar). Para poder salir de esa dinámica es muy importante que los dos nos demos cuenta de nuestra parte de responsabilidad en aquello que ocurre, que evidentemente nos hace sentir mal y provoca un distanciamiento aún mayor. Una relación sana implica darnos cuenta de ello y buscar la forma adecuada para ponerle remedio, ya sea pidiendo ayuda o con grandes dosis de comunicación sincera entre los dos.

¿Cómo puedo saber si estoy en una relación sana?

Yo creo que toda relación de amor que sea sana viene definida por una serie de características que son las que la hacen funcionar, las que le permiten fluir desde la facilidad y la implicación a partes iguales de ambos miembros de la pareja. Vamos a ver algunas de las características más importantes que comparten todos aquellos que viven una relación sana.

Reconocimiento

He puesto el reconocimiento en primer lugar porque es uno de los imprescindibles. Eso significa que si no está presente, no estaremos en una relación sana, ni nos sentiremos francamente bien.

Debemos tener en cuenta que existen muchos tipos de reconocimiento. Sin embargo, los más importantes son los que se dan a través de hacer sentir al otro admirado y amado.

El reconocimiento de la pareja por cómo es, cómo actúa, cómo piensa, cómo gestiona los conflictos, etcétera, es básico. En general, para los hombres es muy importante sentirse reconocidos a través de muestras de admiración y para las mujeres, a través de muestras de afecto o ternura, a pesar de que al revés también es necesario.

Aceptación

Para mí, la aceptación es uno de los pilares fundamentales en cualquier tipo de relación, sea esta de pareja o no. La aceptación es la que hará que, de entrada, la relación funcione sin dificultades o que, por el contrario, empiece a quedar resentida para siempre.

Sin duda, para todos nosotros es básico sentirnos aceptados por la otra persona, sentir que somos admirados y queridos por nuestra pareja. Eso significa que sabemos que el otro no espera que seamos diferentes, no espera que cambiemos ni que nos transformemos en otra persona. Significa que no tenemos que esforzarnos para gustarle, que podemos mostrarnos con naturalidad desde nuestra esencia, podemos fluir, podemos permitirnos ser sin miedos ni prejuicios, sin inseguridades ni sentimientos de inferioridad. Sentir eso con nuestra pareja se asemeja a la más absoluta sensación de libertad, fuerza y poder. Es un alimento valiosísimo para nuestra autoestima, que se fortalece y se nutre sin parar.

La aceptación es el ingrediente que justifica, en última instancia, por qué después de haber elegido a esa persona de entre todas las que nos rodean seguimos aún a su lado, por qué pasado un tiempo la seguimos eligiendo a ella y no a cualquier otra. Y es que la aceptación es la que permite que aparezca el siguiente ingrediente imprescindible en cualquier relación sana, el crecimiento.

Crecimiento

Imagino que todos vemos la relación entre el crecimiento y la aceptación. Siempre que nos sintamos adecuados para el otro, siempre que notemos que nos admira, que no espera ni desea ni necesita que cambiemos, podremos crecer. Es algo que nos dará mucha seguridad y hará aumentar la fuerza en nuestro interior. Es como el niño que siente que tiene a sus padres al lado por si se cae, que están contentos y que confían en él. En estas circunstancias, todos crecemos, nos hacemos más fuertes y somos aún más capaces, llegamos más lejos.

Si sentimos que nuestra pareja nos acepta, el miedo que podíamos haber sentido cuando nos planteábamos caminar hacia nuestros sueños se hace pequeño, diminuto, casi ridículo. Y entonces vamos a por ellos, empezamos a movernos para hacer realidad lo que tanto deseamos, con la vitalidad que nos da el saber que somos adecuados para alguien y, que gracias a ello, no estamos solos. Y es que para ser feliz es necesario sentir que estás creciendo, que te estás moviendo hacia tus sueños y deseos, que avanzas en esa dirección. Así, cuando decidimos entrar en una relación de pareja, es necesario que sintamos que estar en ella no nos frena ni nos impide avanzar hacia donde realmente queremos.

Asimismo, es importante notar que estamos creciendo como pareja. Sentir que tenemos objetivos en común, que avanzamos hacia algún punto o fin que ambos deseamos, sea el que sea. Hablar, compartir, explicar, debatir, sorprendernos, cuidarnos o, simplemente, darnos la mano con profundo cariño y respeto son espacios que nos acercan al crecimiento mutuo.

Comunicación

Es bien sabido que la buena comunicación es otro de los ingredientes indispensables en toda relación sana. No dejan de sorprenderme las respuestas que dan los pacientes cada vez que pregunto: «¿Y tu pareja cómo lo ve, ¿qué piensa de esto que a ti tanto te preocupa?». Sus respuestas son: «Ah, bueno, supongo que cree...», o «no sé lo que piensa, pero yo imagino que...», o «creo que debe de pensar...». ¿Cómo es posible? ¿Estamos hablando de algo que para nosotros es importante, que nos preocupa y que muchas veces puede llevarnos a la ruptura y ni siquiera sabemos qué piensa el otro al respecto?

No tenemos comunicación. Y cuando hablo de comunicación, está claro que no me refiero únicamente a hablar del tiempo, de qué vamos a cenar esta noche o de cómo nos ha ido la reunión con el jefe. Hablo de temas más profundos, de los que realmente importan. ¿Cuántas personas no tienen ni idea de cuáles son los sueños de su pareja, de qué es lo que de verdad le preocupa o le perturba, de cuáles son las personas importantes en su vida y qué es lo que esto implica?

También hay que pensar que en la comunicación aparecerán los conflictos. De hecho, las relaciones que nunca tienen conflictos o en las que nunca hay discusiones son relaciones que tarde o temprano acabarán mal, porque esto ya es una señal de que no hay una comunicación sincera y transparente. No podemos estar de acuerdo en todo o no entrar nunca en conflicto. Sin embargo, lo importante aquí no es que no haya conflicto, sino saber cómo hacerlo para que el conflicto sea constructivo para ambos. Este es inevitable, pero si sabemos canalizarlo adecuadamente, de manera positiva, al contrario de lo que a menudo creemos, puede ayudar a que nos acerquemos mucho más.

Se trata de que cuando haya un conflicto entre ambos, sepamos ir resolviéndolo hasta sentir que este se ha disuelto por completo, y después se trata de que ese conflicto no vuelva a aparecer una y otra vez. Esto ocurre con mucha frecuencia, como si fuera el día de la marmota; sin poder evitarlo ni preverlo, volvemos a estar en la misma situación, con las mismas frases e idénticas frustraciones. Pues bien, si sabemos resolver los conflictos de manera constructiva y eficiente, esto no va a suceder.

Amistad y respeto

La amistad real en la pareja implica conocerse bien el uno al otro, así como la capacidad de construir conjuntamente un mapa de amor que lleve implícitos la valoración, el profundo respeto mutuo y una verdadera admiración. Se trata de conocer bien cuáles son las necesidades de la pareja, de que las tengas en cuenta siempre que te sea posible y de que haya un deseo real de compartir con ella lo bueno y lo malo que vaya apareciendo en nuestras vidas.

La pareja debe ser el mejor de tus amigos, y mucho más que eso. Está claro que también debe haber amigos, que son otro de los pilares necesarios para nuestro equilibrio y bienestar, pero la pareja va más allá incluso de la amistad profunda.

Con la amistad aparece también el respeto. Respetar al otro significa estar convencido de que ninguna de mis acciones va a hacer que la otra persona se sienta mal, que no la voy a dañar con mis actos o palabras. Cuando uno habla y actúa desde la bondad absoluta, no daña al otro, no es posible. La bondad cura, acerca, abraza. Cuando nos tratan con respeto, nos sentimos bien, y nuestra autoestima y dignidad nunca están en peligro, siguen intactas en todo momento.

La combinación de amistad y respeto implica que cada uno de los miembros de la pareja tiene permiso para tener los espacios que necesite para sí mismo, lo cual se permite desde una comprensión y una tranquilidad absolutas. No nos altera porque nos sentimos bien, estamos satisfechos y saciados con el tiempo y la calidad de nuestros momentos compartidos (que deben ser muchos más de los que necesitemos para nosotros por separado).

Para mí, la unión de amistad y respeto significa que en una relación sigo siendo yo, pero te tengo siempre en cuenta a ti.

Confianza

La confianza es también una pieza clave en la relación de pareja sana. Y la pregunta que mucha gente se hace es: ¿Cómo se construye? Pues se construye en momentos muy pequeños, en cualquier interacción que haya entre los dos y que dé lugar a la posibilidad de conectar con el otro o de alejarte de él.

Por ejemplo, estoy haciendo algo que me gusta mucho y estoy inmerso en ello (leer, escribir, estar con el ordenador, etcétera), y veo que mi pareja está mal. Ya sea por un comentario que hace o porque lo veo en su rostro o en su cuerpo, como la conozco, sé que no está bien. ¿Qué hago? Tengo dos opciones. Por un lado, puede que piense: «Uf, ahora no sé qué le pasa, pero, bueno, voy a acabar de hacer esto y, si acaso, luego ya hablaré con ella». Por otro lado, podemos decidir ir con la pareja para ver qué le ocurre o por qué está preocupada o sufriendo. Si opto por esta segunda opción, en el momento en que voy hacia mi pareja y le pregunto, ahí estoy construyendo confianza de verdad. En cambio, si siempre decido dejarlo pasar, lo que construiré será un sentimiento de que no estoy allí cuando la otra persona me necesita, de que no empatizo con sus necesidades, y empezará a haber carencias importantes entre los dos.

Sin duda, la mayoría de los conflictos en el seno de la pareja son por temas de confianza. A veces ni siquiera somos conscientes de ello, pero en nuestra mente nos hacemos muchas preguntas, como las que propone el psicólogo estadounidense John Gottman: ¿Realmente puedo confiar en que estarás conmigo y seguirás a mi lado cuando me enfade? ¿Puedo confiar en que me elegirás a mí por encima de tu madre? ¿Puedo confiar en que no volverás a tomar drogas ni volverás a aquellos malos hábitos? ¿En que me respetarás y me serás fiel? ¿En que me ayudarás con las tareas domésticas? ¿En que te harás cargo de los hijos igual que yo?

La confianza va de la mano con la honestidad. Cuando ambas están presentes, esto nos conecta con una sensación de que el otro se preocupa por nosotros y por nuestro bienestar. Está claro que, por el contrario, cuando sentimos desconfianza o que el otro no está siendo honesto, nos dará la sensación de que no nos tiene en cuenta ni nos prioriza a nosotros y al hecho de que estemos bien. Y de ahí al distanciamiento emocional hay un paso muy pequeño. Cuando empiezas a pensar que estarías mejor sin tu pareja, ya estás empezando a alejarte de ella.

Casi siempre, cuando le preguntas a la gente en qué es lo primero en lo que se fijan en las primeras citas, cuando empiezan a quedar con una persona, todos coinciden en lo mismo: se fijan en si esa persona es de fiar, si es honesta o no.

Pasión

Es evidente que el tema de la pasión es también una de las piezas clave dentro de una relación sana, principalmente si la enfocamos en el área sexual. La parte sexual es importante y necesaria, pero también es cierto que no todas las personas la viven con la misma urgencia o necesidad. Ni siquiera acostumbra a ser igual entre hombres y mujeres, y hay también muchas diferencias entre personas del mismo sexo.

Por ello, yo creo que lo importante no radica tanto en si tenemos relaciones sexuales una vez al día o una vez al mes, sino en el hecho de que sintamos que las necesidades sexuales de cada uno de nosotros se ven satisfechas dentro de la relación. Hay muchas formas, opciones y maneras de lograr satisfacer al otro y es necesario que ambos estemos a gusto tanto en la parte del dar como en la del recibir. Si hay armonía y total comodidad en esta parte sexual, no cabe duda de que no aparecerán carencias al respecto.

Y para que pueda haber armonía y comodidad, es básica la comunicación. No puede ser que tengamos que intuir o deducir qué es lo que siente o piensa el otro respecto a un tema importante. Si se siente satisfecho o no. Debemos respetar siempre lo que nos gusta y lo que no, sin forzar, y muchísimo menos manipular o coaccionar al otro para que acabe accediendo a determinadas prácticas o situaciones con las que no se siente cómodo porque no encajan con sus valores.

Hoy en día hay muchos tipos de relaciones, y vemos muchos casos en los que uno intenta convencer al otro de que su manera de enfocar el amor es la correcta (por ejemplo, sucede mucho en los casos de *poliamor*). He visto gente a la que insisten para que lean libros para persuadirles de algo, cuando aquello no encaja ni ha encajado nunca con su manera de vivir el deseo en la relación de pareja. Si no vemos igual esta parte de la relación y esto genera un conflicto entre nosotros, lo mejor es que nos separemos. De no hacerlo, es muy probable que ello nos lleve a sufrir mucho más de lo que imaginamos.

Otra cosa es que detectemos que hay un problema a nivel sexual en uno de los dos. En este caso no deberíamos dudar en pedir ayuda a un especialista con el fin de solucionarlo por el bien de la relación (ya sea esta u otras en el futuro). Ya sea un problema de eyaculación precoz, de falta de erección, de anorgasmia o de falta de deseo, todos pueden solucionarse y vale mucho la pena. La relación de pareja acabará beneficiándose sin ninguna duda.

En definitiva, estar en una relación sana significa que no tienes que preocuparte por la relación. Que la relación no es un problema más en tu vida, que no te preocupa, sino que en ella te sientes tranquilo y en paz. Tendrás cosas por resolver, y el día a día te sorprenderá con situaciones inesperadas y a lo mejor indeseadas, pero la relación será tu espacio de calma, el cobijo en el que podrás refugiarte para sentir ese abrazo sincero y profundo que espantará cualquier miedo que haya osado asustarte.

Sin duda, la relación sana existe, pero debemos saber qué es y cómo identificarla de entre todas las infinitas posibilidades o intentos erróneos o frustrados. No hay que obsesionarse, pero tampoco rendirse, a la hora de buscar a la persona adecuada porque hay personas adecuadas para todos y cada uno de nosotros, y cuando la encontramos, puede ser maravilloso.

La relación sana sí existe, y lo más importante no es si la encontramos o no, sino que no nos autoengañemos pensando que la hemos encontrado cuando lo único que estamos haciendo día tras día es sufrir y luchar para que la situación cambie. Si estamos sufriendo, lo único que hará cambiar esa situación es aceptar que aquello es algo tóxico y asumir que debemos alejarnos de allí cuanto antes.

CAPÍTULO 7

CONSIDERACIONES FINALES

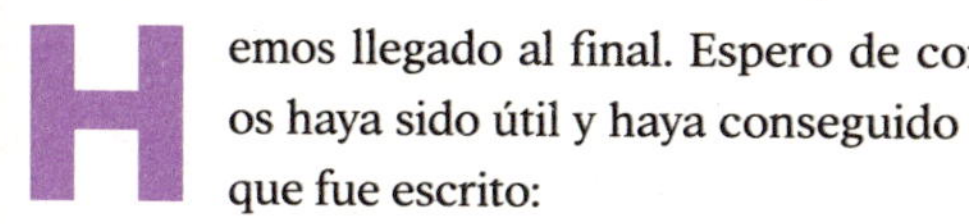

Hemos llegado al final. Espero de corazón que este libro os haya sido útil y haya conseguido los objetivos con los que fue escrito:

* Comprender de dónde viene la creencia normalizada de «sufrir por amor», algo que está completamente a la orden del día en la mayoría de las relaciones de pareja. Tomar conciencia de cuáles son los mensajes que tenemos interiorizados, esos que han controlado nuestra manera de elegir y comportarnos hasta ahora.
* Transformar esas creencias erróneas en una nueva manera de ver el amor y la relación de pareja. Una manera más sana, satisfactoria y constructiva que nos genere paz, bienestar y crecimiento. Justo lo opuesto de lo que acabamos experimentando cuando no se trata de amor.
* Facilitar herramientas para que cualquier persona que así lo desee pueda generar cambios en su manera de vivir las relaciones. Desde la conciencia de que cuando sufrimos no hay amor, el mundo de la relación de pareja experimenta un cambio profundo. Tenemos que replantearnos los cimientos sobre los que se ha construido la relación y esto puede significar que debamos tirarlo todo abajo y volver a empezar, ya sea con la misma persona o con otra distinta.

Cuando uno es capaz de diferenciar lo que es amor de lo que no lo es, adquiere la libertad para elegir desde la conciencia, sin engaños ni excusas, sin cerrar los ojos ni mirar hacia el otro lado para evitar el dolor que nos produce la triste realidad.

Cuando uno es capaz de diferenciar lo que es amor de lo que no lo es, tiene la necesidad de aprender a poner límites, de protegerse de aquello que le lastima y de dibujar un punto y aparte cuando la historia que vive ya ha llegado a su fin.

Cuando uno es capaz de diferenciar lo que es amor de lo que no lo es, es que ha aprendido a amarse, a valorarse y a sentirse merecedor de lo que realmente merece. No se conforma con migajas de afecto, caricias programadas o besos vacíos de compasión.

Cuando uno es capaz de diferenciar lo que es amor de lo que no lo es, vuelve a sentir la vida, la energía y la ilusión. Ingredientes esenciales que desaparecen cuando estamos luchando en una batalla perdida, que sigue destruyendo en nombre del amor.

Cuando uno es capaz de diferenciar lo que es amor de lo que no lo es, simplemente empieza a vivir de verdad.

La pregunta es: ¿te atreves?

Si necesitas más ayuda para fortalecer tu autoestima, hacer cambios o mejorar algún aspecto de tu relación de pareja, superar la dependencia emocional o salir de una relación que es tóxica, podemos ayudarte en nuestros centros, tanto a nivel presencial como online.

Trabajamos con un método breve y en pocas sesiones notarás grandes cambios. Te enseñaremos herramientas que te servirán para siempre.

Mi equipo está formado por mí y supervisamos todos los casos para asegurarnos de que le damos a cada persona la ayuda específica que necesita para estar bien de nuevo y volver a ser feliz.

Puedes encontrar nuestros datos de contacto en nuestra web <silviacongost.com> y a través de una llamada, un WhatsApp o un e-mail te explicaremos todo lo que necesites para que puedas empezar cuanto antes a mejorar tu vida para siempre.